La presencia de Dios, el libro de R. T. Kendall, me ha deleitado. Su importancia es indudable, porque necesitamos experimentar y reconocer la presencia de Dios. Me gusta la escritura profunda que R. T. nos ofrece a fin de ver, sentir y saber, pero también cómo revela la soberanía de Dios. Anhelamos la presencia de Dios. Anhelamos conocerlo de una manera más íntima. *La presencia de Dios* te conducirá a esa dulce intimidad. R. T. Kendall es mi autor preferido. Me encantan sus libros, y este es mi nuevo favorito.

—Marilyn Hickey
Presidenta, Ministerios Marilyn Hickey

Muchos libros sobre conocer a Dios son en realidad estudios doctrinales que deberían titularse *Conociendo acerca de Dios*. El último trabajo de RT trata de conocer y experimentar a Dios en realidad. Como un libro sabio, equilibrado y práctico, será un recurso valioso para todos los que tienen hambre de la presencia de Dios en las iglesias.

—Dr. Michael Eaton
Pastor general, Chrisco Fellowship

Este libro te hará pensar más profundamente en la Palabra y motivará a tu corazón a sentir un mayor anhelo de Dios. La enseñanza de la presencia consciente e inconsciente de Dios edifica nuestra fe independientemente de nuestra denominación de origen.

—Daniel Ho
Pastor principal, Iglesia Internacional de Shanghai

Encontré un gran aliento y consuelo en este libro. En Jesucristo, Dios está con nosotros tanto cuando lo sentimos como cuando no. Sin embargo, podemos tener hambre y sed de Él,

y a menudo experimentamos por medio del Espíritu esos preciosos anticipos de lo que será estar con Él para siempre.

—Craig S. Keener
Profesor de estudios bíblicos F. M. y Ada Thompson,
Seminario Teológico de Asbury

Quizás la mejor medida de la unción de un libro es su capacidad de provocar tanto comentarios positivos como críticas negativas de múltiples direcciones. Basándonos en eso, *La presencia de Dios* de R. T. Kendall es uno que no se puede perder en absoluto. Discrepe con él si debe hacerlo. Elógielo si lo desea, pero no deje de leer este libro.

—Mark Rutland
Ex presidente de la Universidad Oral Roberts

R. T. Kendall es un excelente comunicador, uno de los predicadores y escritores más notables de nuestro tiempo. Después de toda una vida de ministerio, sus palabras siempre están llenas de sabiduría, poder y relevancia.

—Nicky Gumbel
Vicario, Santa Trinidad de Brompton

El hermano RT, como afectuosamente lo llamamos, es un amigo y mentor. Aunque no tenemos la libertad para reunirnos con regularidad tanto como queremos, cada vez que lo hacemos existe un vínculo que solo puedo describirlo como una conexión del reino. *La presencia de Dios* es un libro obligatorio. Me atrapó desde el mismo momento en que empecé a leerlo. El hermano R. T. tiene tal estilo y unción para escribir que hace de la lectura un placer absoluto. Este es un éxito definitivo.

Entre su plétora de libros, esta puede ser la mejor obra de R. T. Kendall. Esto no es poca cosa a la luz de sus más de sesenta títulos. Siempre podemos depender de RT para disfrutar de una presentación ordenada de ideas nuevas e inesperadas. ¡Simplemente profundo y profundamente simple! ¡Se me ha ocurrido que toda esta presentación puede resumirse en una palabra: *reino*! ¡Puedo ser la voz más fuerte en el enorme club de admiradores de RT! ¡Gracias de nuevo, mi querido amigo!

He disfrutado mucho leyendo *La presencia de Dios*, el libro de R. T. Este me ha hecho detenerme, mirar y escuchar al Señor, y ser más consciente de su presencia en mi vida. Pienso que usted será bendecido como yo lo he sido.

Nada es más importante, más deseado o está más perdido que la presencia de Dios. Este libro se fundamenta en la Escritura, pero es inmensamente práctico. Constituye un trabajo magistral de un talentoso maestro que ayuda a cada uno de los seguidores de Jesús a vivir una vida en y con la presencia de Dios.

El Dr. R. T. Kendall ha escrito un libro muy equilibrado sobre un tema que el Cuerpo de Cristo necesita explorar más a fondo. Él está excepcionalmente calificado para escribir un libro sobre este tema tan importante que combina la reflexión bíblica erudita con el conocimiento experiencial. Usted encontrará sus puntos de vista esclarecedores y desafiantes al mismo tiempo. ¡Esta es una lectura obligada para todos los que anhelan la presencia manifiesta de Dios!

—SAMUEL SONG
PASTOR PRINCIPAL, PÓRTICO DE SALOMÓN

Sumergirse en un libro de R. T. Kendall es una delicia espiritual. Y ahora RT ha traído el postre, un tratamiento verdaderamente honesto y real de la mayor de todas las recompensas: la presencia de Dios. El lector puede relajarse con este libro, confiado en la ferviente e inquebrantable comprensión de la sana doctrina de RT, que resulta en una mayor apreciación de las formas ilimitadas en que nuestro Dios puede relacionarse con nosotros demostrando amor y poder. *La presencia de Dios* es una guía segura y estimulante a todo un mundo de experiencia que constituye nuestra herencia.

—ROLLAND Y HEIDI BAKER
IRIS GLOBAL, MOZAMBIQUE, ÁFRICA

La presencia de Dios expone la pasión contagiosa de RT por la gloria de Dios. Su lectura le ayudará a apreciar la presencia de Dios con usted en todo momento y hará que tenga más anhelo de Él.

—COLIN DYE
MINISTRO PRINCIPAL, TEMPLO DE KENSINGTON

LA PRESENCIA DE DIOS

R. T. KENDALL

CASA
CREACIÓN

La mayoría de los productos de Casa Creación están disponibles a un precio con descuento en cantidades de mayoreo para promociones de ventas, ofertas especiales, levantar fondos y atender necesidades educativas. Para más información, escriba a Casa Creación, 600 Rinehart Road, Lake Mary, Florida, 32746; o llame al teléfono (407) 333-7117 en Estados Unidos.

La presencia de Dios por R. T. Kendall
Publicado por Casa Creación
Una compañía de Charisma Media
600 Rinehart Road
Lake Mary, Florida 32746
www.casacreacion.com

351 Executive Dr., Carol Stream, IL 60188, Estados Unidos de
América. Todos los derechos reservados.

Originally published in the U.S.A. under the title:
The Presence of God
Published by Charisma House, A Charisma Media Company,
Lake Mary, FL 32746 USA
Copyright © 2017 R. T. Kendall
All rights reserved

Copyright © 2017 por Casa Creación
Todos los derechos reservados

Visite la página web del autor: www.rtkendallministries.com

Traducción por: Madeline Díaz
Diseño de la portada: Vincent Pirozzi
Director de Diseño: Justin Evans

Library of Congress Control Number: 20177943803
ISBN: 978-1-62999-338-6
E-book ISBN: 978-1-62999-351-5

Nota de la editorial: Aunque el autor hizo todo lo posible por
proveer teléfonos y páginas de internet correctas al momento
de la publicación de este libro, ni la editorial ni el autor
se responsabilizan por errores o cambios que puedan surgir luego
de haberse publicado.

Impreso en los Estados Unidos de América
17 18 19 20 21 * 7 6 5 4 3 2 1

A
Grant y Jenni

En tu presencia hay plenitud de gozo.
—Salmo 16:11

Contenido

Recomendación especial

EL DR. R. T. Kendall es un maestro bíblico, pastor, pensador y escritor muy respetado no solo en los Estados Unidos, sino muy especialmente también en el Reino Unido. Durante años fue pastor de la Capilla de Westminster, a solo unos pocos metros del Palacio de Buckingham. Él representó una bendición para toda Inglaterra. El púlpito había estado ocupado por grandes predicadores del pasado, como el Dr. G. Campbell Morgan y el Dr. D. Martyn Lloyd-Jones, y él ha seguido sus pasos magníficamente.

RT se ha apoyado con firmeza en la autoridad de las Sagradas Escrituras y las ha enseñado con alegría, entusiasmo, una gran integridad bíblica y percepciones históricas.

Doy gracias a Dios por cada ocasión en la que la enseñanza de la Palabra de Dios de nuestro amigo, hermano y compañero de servicio, el Dr. R. T. Kendall, nos bendice, enseña y enriquece espiritualmente. Oro que este libro enriquezca su vida espiritual también.

—LUIS PALAU
EVANGELISTA INTERNACIONAL

Prólogo

CADA AGOSTO, EL Dr. R. T. y Louise Kendall traen mensajes de esperanza a nuestra iglesia norteña de Nueva Jersey. Mi esposo David y yo siempre esperamos su llegada y el cuidado espiritual que le proporcionan a nuestra congregación. Las paradas que Kendall hace cada verano se están convirtiendo con rapidez en una tradición llena de alegría en la Iglesia de Cristo. Una de las cosas que más anticipamos es conseguir una copia del último libro de RT, en especial cuando trata de la obra del Espíritu Santo en la vida de los seguidores de Cristo de hoy. Esto es algo que nuestra iglesia valora. En consecuencia, cuando RT me pidió que escribiera el prólogo de *La presencia de Dios*, me sentí contento y honrado.

Hay algunos libros que usted lee y como resultado obtiene un conocimiento crítico. Entonces hay otros libros que lo leen a usted. *La presencia de Dios*, sin duda, puede incluirse en ambas categorías, pero especialmente en la segunda. Creo que usted descubrirá que esto es verdad. Mientras cada capítulo, párrafo y oración se despliega, escudriñarán los puntos débiles de su alma, exponiendo cosas que no son saludables desde el punto de vista teológico y cultural. Cosas tales como perspectivas incorrectas y defectos que usted ni siquiera sabía que estaban ahí, o cosas ocultas y escabrosas, como percepciones seculares de la espiritualidad y nociones terribles y malformadas de nuestra intimidad con el Espíritu Santo.

Con estas fuerzas tan serias obrando dentro de nosotros, nuestros puntos débiles necesitan algo de luz. ¡La lectura de este libro le proporcionará esa luz! Usted encontrará que leer este libro es algo en lo que vale la pena invertir su tiempo, ya que la libertad, la claridad, la luz y la liberación se hallan en cada página. En *La presencia de Dios*, la verdad y la sabiduría de las Escrituras, así como la vida completamente entregada a Dios de RT, actúan como escalpelos santos, cortando y reduciendo nuestra indeferencia al Espíritu (Hebreos 4:12). El filo de su sabiduría pastoral penetra, develando unos ojos nuevos que nos permiten buscar una relación más saludable con el Consolador, Maestro y Guía. Sus principios son tan sagaces que después de cada capítulo me encontré mirando mi interior y también hacia arriba. Necesitaba saber: «Marlinda, ¿cómo es tu relación con el Espíritu? ¿Estás cerca de Él, aunque Él esté siempre cerca de ti? ¿Son amigos, compañeros o parientes lejanos?». Por último, pregunté: «Dios mío, ¿estoy viva en tu presencia o viva en el camino falso hacia el poder espiritual de nuestra cultura?».

Con seguridad, estas son preguntas que producen convicción. Afortunadamente, los hilos de la misericordia y la esperanza están generosamente entretejidos a lo largo de *La presencia de Dios* y repetidamente lo reanimarán —incluso lo resucitarán— en las áreas internas donde es indiferente a la cercanía de Dios. Porque Él *está* cerca. Y este tratado poderoso viene a darnos una mayor conciencia del Espíritu. Léalo. Sumérjase en él a diario, en oración y con humildad.

—Marlinda Ireland, DMin
Iglesia de Cristo
Cofundadora y pastora asistente

Prefacio

Hace varios años el pastor Grant Brewster compró mi libro *In Pursuit of His Glory* [En búsqueda de su gloria], un relato autobiográfico de mis veinticinco años en la Capilla de Westminster. Él no había oído hablar de mí ni de la capilla. Simplemente le gustó el título. ¡Este capturó su corazón porque él también estaba en búsqueda de la gloria de Dios! Después de leer el libro, se puso en contacto conmigo y me invitó a predicar en su iglesia.

A pesar de que le gustó mi libro, realmente pensó que podría tratarse de la presencia de Dios. Grant me ha invitado amablemente a su iglesia, The Island Church [La iglesia de la isla], muchas veces. Él y su esposa, Jenni, se han convertido en buenos amigos. Sin embargo, se mantiene rogándome que escriba un libro específicamente sobre la presencia de Dios.

Aquí está, Grant.

Introducción

Escuché sonar el timbre de la puerta de entrada de Castle Lane a la Capilla de Westminster y encontré a Billy Graham en los peldaños. Durante la siguiente hora y cuarenta y cinco minutos, tuvimos una conversación ininterrumpida en mi sacristía. Tuve que pellizcarme para darme cuenta de que estaba en realidad en presencia de uno de los hombres más famosos y admirados del mundo. Cuando llegué a casa, mi esposa, Louise, me preguntó: «¿Cómo se siente pasar un tiempo con Billy Graham?». Hice una pausa y pensé, luego mis ojos se llenaron de lágrimas mientras le decía: «Él es alguien sin complicaciones, muy sencillo».

¿Alguna vez ha estado usted en presencia de la grandeza? Ya fuera que se tratara de una persona famosa o desconocida, ¿sintió que se encontraba con alguien cuya presencia resultaba impresionante e inolvidable? ¿Qué impacto causó realmente la presencia de esta persona en usted?

O podría preguntar: ¿Cómo me afectaría la presencia de Billy Graham si nunca pudiera hablarle de esto a alguien? La verdad es que fui ciertamente edificado por su visita. Él compartió cosas conmigo que he aplicado en mi vida una y otra vez desde ese momento hace más de treinta años. Dicho esto, solía preguntarles a los miembros de la Capilla de Westminster: «¿Cuántos de ustedes desearían tomar té con su Majestad la reina si nunca pudieran contárselo a nadie?». Estar en la presencia de personas famosas no suele tener ninguna consecuencia, excepto la diversión de contarlo e impresionar a sus amigos.

Sin embargo, estar en la presencia de Dios es algo gratificante en sí mismo, incluso si nunca se lo ha dicho ni a una sola persona.

Un buen amigo y pastor me contó un incidente extraordinario de su vida que duró «menos de diez segundos». Él se encontraba en un hotel en Brasil. «Mientras caminaba de una habitación a la otra, tuve una repentina sensación de la presencia de Dios». La alegría fue incalculable. Él dijo: «Durante ese momento tan breve hubiera soportado *cualquier cosa*». Se refería a varias pruebas que había experimentado a lo largo de los años, incluyendo a él y su esposa criando a su hija que permaneció en pañales y nunca caminó o habló, y murió a los dieciséis años. «Cualquier cosa», subrayó. Esto hizo que me preguntara cómo será el cielo. Me recuerda la estrofa del himno «When We All Get To Heaven» [Cuando al cielo lleguemos], de E. E. Hewitt: «Solo un resplandor de Él en la gloria los esfuerzos de la vida recompensarán». Un resplandor lo hará en ese entonces. Un resplandor lo hará ahora.

Debo dejar claro que este libro no es primordialmente acerca de ver a Dios, aunque no se debe descartar esa posibilidad: ¡Dios tiene formas sorprendentes de mostrarse! Sin embargo, este libro se refiere más bien al *sentido* —la conciencia y el conocimiento— de la presencia de Dios. Mi amigo no vio nada en esa habitación de hotel; él sintió la presencia de Dios durante unos segundos.

Así que uno se pregunta, ¿cómo será cuando lleguemos al cielo? Estoy seguro de que los sufrimientos presentes no son nada comparados con la gloria que se revelará en nosotros (Romanos 8:18).

Este libro concluirá con la presencia de Dios en el cielo, y sin embargo, podemos experimentar la presencia de Dios ahora, *porque* estamos sentados con Cristo «en los lugares celestiales» (Efesios 2:6). Por lo tanto, lo que sigue es acerca de la presencia de Dios en la tierra, aquí y ahora. Estoy escribiendo sobre el mismo Dios que habita en el cielo, que *elige* manifestarse a las criaturas humildes en la tierra.

Porque la gloria del Señor llena el universo.

¿Hasta qué grado podemos usted y yo sentir la presencia de Dios hoy? Esa es la pregunta. Y la respuesta es: mucho más de lo que buena parte de nosotros la hemos experimentado. La Escritura en 1 Corintios 2:9 declara: «Cosas que ojo no vio, ni oído oyó, ni han subido en corazón de hombre, son las que Dios ha preparado para los que le aman», y por lo general esto se cita haciendo referencia a lo que sucederá cuando lleguemos al cielo. No obstante, el siguiente versículo afirma: «Pero Dios nos las reveló a nosotros por el Espíritu» (v. 10). El Espíritu Santo *puede darnos un adelanto del cielo*. Algunos puritanos le llamaron a esto experimentar el cielo en la tierra. En palabras de otro gran himno, «Jesus, the Very Thought of Thee» [Tan solo con pensar en ti], de Bernard de Clairvaux: «El amor de Jesús, lo que es, nadie excepto sus amados lo conocen».

¿Cuál es la diferencia entre sentir la presencia de Dios ahora y estar en su presencia en el cielo? La respuesta es que cuando lleguemos al cielo, seremos glorificados. «Todos seremos transformados». Seremos «incorruptibles», con cuerpos inmortales (1 Corintios 15:51–53, nvi). Un vistazo del rostro de Jesús nos hará como Él (1 Juan 3:2). La glorificación significará la ausencia de pecado, tentación, sufrimiento, lágrimas, muerte, dolor, inseguridad y preocupación, porque «las primeras cosas pasaron» (Apocalipsis 21:4). Ver el rostro de Jesús, directa e inmediatamente, hará que esto suceda. Sentir su presencia ahora no es más que un anticipo de la gloria venidera.

Por lo tanto, este libro trata de la presencia de Dios antes de que lleguemos al cielo, mientras estamos en nuestro cuerpo mortal, perecedero y «miserable», y cuando todavía somos pecadores, inseguros, vulnerables y carnales (Filipenses 3:21, NVI). ¿Pueden personas así experimentar verdaderamente a Dios antes de llegar al cielo?

Sí.

El propósito de este libro no es solo explicar cómo es posible experimentar la presencia de Dios; también espero mostrarle de qué forma usted puede verla por sí mismo en su mente y sentirla en su corazón. Quiero demostrarle que puede percibir la presencia de Dios de manera tal que sepa que no está siendo engañado o imaginando cosas.

Habiendo explicado todo esto, mi libro no estaría completo si no incluyera algunas manifestaciones extrañas de la presencia de Dios. A menudo he escuchado decir que el Espíritu Santo es un caballero.

Eso suena bien y le agrada a algunas personas, pero no estoy seguro de que el Espíritu Santo sea siempre un «caballero». No estoy seguro de que Dios sea un «buscador amistoso». Nos guste o no, a veces Dios ofende lo sofisticado por la forma en que puede escoger mostrarse. Él ofende la mente para revelar nuestro corazón. Puede manifestarse de una manera que será totalmente aceptable para muchos cristianos. También puede optar por probar nuestra fe mediante el modo no tradicional en que decide revelarse.

No obstante, recuerde esto: ninguna experiencia de Dios —ya sea milagro, curación, señal o maravilla—eliminará completamente la necesidad de la fe en esta vida presente. No piense que Dios aumentará el sentido de su presencia hasta el punto de que una persona ya no necesite la fe. La fe es la certeza de lo que se espera y la convicción de lo que no se ve (Hebreos 11:1). Lo que hace a la fe ser *fe* es que creemos sin ver. Sin embargo, incluso algunos de los once discípulos que *vieron* a Jesús resucitado todavía dudaban. «Y cuando le vieron, le adoraron; pero algunos dudaban» (Mateo 28:17).

Aun así, admito que a veces Dios puede volverse tan real que —por un tiempo— usted siente que no necesita fe. Pero ese sentimiento no durará indefinidamente. No obstante, el recuerdo de ello perdurará y lo mantendrá alentado. Por ejemplo, como mostraré en este libro, yo mismo he experimentado al Cristo vivo intercediendo por mí a la mano derecha de Dios durante unos momentos hace muchos años. Puedo recordar que esto fue tan real para mí como cualquier cosa que haya visto en mi vida, y el recuerdo de la experiencia me resulta muy alentador.

Oro que este libro sea un medio para motivarlo a caminar más cerca de Dios y que este caminar más cerca de Él dé lugar a que *usted* experimente su presencia gloriosa.

CAPÍTULO 1

La presencia
inconsciente de Dios

En realidad, el Señor está en este lugar,
y yo no me había dado cuenta.
—Génesis 28:16 (nvi)

¿No ardía nuestro corazón en nosotros,
mientras nos hablaba en el camino, y
cuando nos abría las Escrituras?
—Lucas 24:32

SENTIR LA PRESENCIA de Dios es maravilloso. Ni siquiera me acerco a describir lo que se siente en este libro, porque su presencia es mayor que todo lo que pueda decirse sobre ella. Cualquier intento de describir la presencia de Dios, en el mejor de los casos, será como observar imágenes de un lugar que usted nunca ha visto. Cuando vi fotografías del Big Ben de Londres, las Cataratas del Niágara, el Gran Cañón, el mar de Galilea, el Monte de los Olivos, el puente Golden Gate, el edificio Empire State, el puerto de Hong Kong, los Alpes suizos, el Kremlin, la torre Eiffel y el interior del Yankee Stadium, nunca entendí realmente cómo sería estar allí.

La percepción es una cosa, pero ver la realidad es otra muy distinta.

Lo mismo ocurre cuando escuchamos hablar de personas famosas o vemos sus fotografías y luego las conocemos en persona. En mi caso, fue como al conocer a mi héroe del béisbol, Joe DiMaggio, o a grandes teólogos y ministros como Martyn Lloyd-Jones, J. I. Packer o John Stott. Incluso he tenido el privilegio de conocer a algunas otras personas famosas fuera de la iglesia. Puedo recordar la ocasión en que me reuní con cada uno de estos individuos por primera vez. Mi percepción con antelación a encontrarme con estas personas era una cosa, pero verlas cara a cara era otra.

La gente a veces me pregunta: «¿Alguna vez ha conocido a la reina?». Respuesta: no. Sin embargo, fui invitado a estar muy cerca de ella —a un metro de distancia— cuando me encontraba en Oxford. Uno no le habla a su Majestad si ella no se dirige a la persona. Ella no me habló, así que solo la miré. No estaba preparado para lo extraordinariamente hermosa que es. Ninguna fotografía le hace justicia.

¿Qué esperaría usted sentir —o pensar— si experimentara directamente la presencia de Dios? ¿Cree que reconocería su presencia de inmediato? ¿Qué tal si Dios se ha aparecido en más de una forma? ¿Y si se manifestó de una manera para la cual no hay precedentes conocidos? ¿Qué sucedería si Dios acepta presentarse ante usted con la condición de que nunca lo pueda decir?

La mayor parte de este libro tratará sobre la presencia consciente de Dios y las formas sorprendentes en que Él puede elegir aparecerse.

Pacto de oración

Cuando estaba en la Capilla de Westminster, presenté un pacto de oración. Más de trescientas personas se inscribieron para orar a diario por ciertas peticiones, incluyendo esta: «Oramos por la manifestación de la gloria de Dios en medio de nosotros, mostrando una aceptación cada vez mayor de la manera en la cual Él elija aparecerse». ¿Por qué lo expresé con esas palabras? Porque Dios puede aparecerse en más de una manera. Estaba al tanto de muchos informes sobre el Avivamiento Cane Ridge en el condado de Bourbon, Kentucky, en 1801. Mi mayor temor era que Dios pudiera repetir ese tipo de cosas con los británicos dignos y estoicos en la Capilla de Westminster. Las personas cayeron al suelo por centenares en Cane Ridge y permanecieron así durante horas. Por lo tanto, consideré necesario preparar el camino para las manifestaciones más extremas que podríamos experimentar nosotros. Para algunos, su presencia puede parecer extraña, rara y embarazosa. O tal vez Dios nos ahorraría la controversia y nos concedería un sentido de su presencia que sería válido para todos, similar a lo visto en el Gran Cañón por primera vez.

Lo que temía —o deseaba— nunca llegó a suceder.

Y sin embargo, *sí* vimos la manifestación de la gloria de Dios. Dios obtiene tanta gloria cuando no se muestra como cuando se manifiesta abiertamente. Su presencia inconsciente es tan real y orquestada como cuando lo sentimos.

Los dos hombres en el camino a Emaús pensaron que estaban hablando con un total extraño cuando el Jesús resucitado se presentó ante ellos. Fue después de que lo reconocieron y Él desapareció que se dieron cuenta, tras reflexionar, cómo realmente habían sentido su presencia: «¿No ardía nuestro corazón en nosotros, mientras nos hablaba en el camino?» (Lucas 24:32).

A veces miro hacia atrás a nuestros veinticinco años en la Capilla de Westminster y concluyo que fracasé. Y sin embargo también puedo mirar hacia atrás a ciertos momentos en los que hubo una manifestación indudable de la presencia de Dios. No hay nada espectacular en lo que respecta a las personas convirtiéndose, sanando o sintiendo un gran gozo.

Lo que esperaba —o incluso temía— me impidió ver lo que Dios estaba haciendo ante nuestros ojos.

¡La verdad es que Dios puede estar obrando durante los tiempos de su presencia inconsciente de la misma manera que cuando se muestra claramente!

Uno puede ver al Señor y no sentir nada en ese momento, como los dos hombres en el camino a Emaús. Y, sin embargo, Juan escribió: «Cuando le vi, caí como muerto a sus pies» (Apocalipsis 1:17).

Dios tiene una manera de aparecerse de formas multitudinarias, impredecibles y sin precedentes. Sin embargo, debemos aprender a apreciar su presencia inconsciente si en verdad vamos a disfrutar de su presencia consciente.

No le haría ningún favor si en este libro escribiera solo sobre la presencia consciente de Dios. En realidad, uno de mis objetivos es hacer que usted aprecie tanto la presencia inconsciente de Dios como su presencia consciente. Es de esta forma que la fe se edifica. Cuando Pedro, Santiago y Juan vieron a Jesús transfigurado en la montaña —y apreciaron su gloria junto a las apariciones de Moisés y Elías— Pedro inmediatamente dijo: «Señor, es bueno para nosotros que estemos aquí» (Mateo 17:4). Mucho. Oh, sí. Cuando Dios se revela a sí mismo de esa forma, queremos que ese momento perdure para siempre. No obstante, ellos tuvieron que bajar de la montaña (v. 9). Tenían mucho más que aprender.

A un vistazo de la gloria del Señor aquí abajo casi siempre le sigue lucha, enseñanza, dolor, aprendizaje, sufrimiento y la búsqueda del conocimiento de Dios. «Mi pueblo fue destruido, porque le faltó conocimiento», dijo un antiguo profeta (Oseas 4:6). «Es necesario pasar por muchas dificultades para entrar en el reino de Dios» (Hechos 14:22, NVI). Nunca olvidaré el comentario de una señora de noventa años —una de las mentoras de mi madre en Springfield, Illinois— que dijo: «He servido al Señor por tanto tiempo que apenas puedo señalar la diferencia entre una bendición y una prueba». Esta es la razón por la que Santiago podía decir: «Considérense muy dichosos cuando tengan que enfrentarse con diversas pruebas» (Santiago 1:2). Pablo dijo: «Nos gloriamos en la esperanza de la gloria de Dios» (Romanos 5:2). Sí. «Y no sólo esto, sino que *también* nos gloriamos en las tribulaciones, sabiendo que la tribulación produce paciencia; y la paciencia, prueba; y la prueba, esperanza; y la esperanza no avergüenza; porque el amor de Dios ha sido derramado en nuestros corazones por el Espíritu Santo que nos fue dado» (vv. 3–5, énfasis añadido).

Aceptar lo malo junto con lo bueno es lo que edifica la fe. Y lo que al principio pensamos que era malo resulta ser *bueno* cuando estamos dispuestos a bajar de la montaña para ver lo siguiente que Dios quiere que aprendamos. «Y sabemos que a los que aman a Dios, todas las cosas les ayudan a bien, esto es, a los que conforme a su propósito son llamados» (Romanos 8:28, énfasis añadido).

Jacob

Al principio Jacob no sintió nada. Acababa de dejar su hogar y estaba huyendo de su hermano, Esaú, que estaba empeñado en matarlo. Él creció sabiendo que era el nieto del gran Abraham, pero no alcanzaba a igualarlo. Él nunca podría vivir a la altura de una leyenda como esa. Y no se trataba solo se eso, sino de que Jacob sabía que había hecho todo mal: le había hecho trampa a su hermano Esaú para que le vendiera su primogenitura y engañó a su padre, Isaac, para conseguir la bendición patriarcal. Ahora corría por su vida.

¿Dónde estaba Dios en todo esto? Jacob llegó a un «cierto lugar» (Génesis 28:11). Como veremos más adelante, él oró. No sentía nada cuando llegó allí. No había nada espectacular con respecto a este lugar. No había letreros que dijeran: «Un día atesorará este lugar». Jacob estaba cansado y asustado. Necesitaba dormir. Sin esperar absolutamente nada, agarró una piedra para usarla como almohada, la colocó bajo su cabeza y se acostó a dormir. Y entonces Dios intervino con un sueño. Fue un sueño que reveló que el Dios de Abraham era ahora el Dios de Jacob. Las palabras que Jacob escuchó eran casi demasiado buenas para ser verdad. Él nunca volvería a ser el mismo (vv. 11–15).

Ese «cierto lugar» fue donde Jacob no sintió nada al principio. No tenía sentido de Dios, ni esperanza, ni propósito en la vida. Sin embargo, tal lugar resultó esencial no solo para él, sino también para incontables millones de personas a lo largo de los siglos siguientes. El sitio en cuestión se llama Betel, que significa «la casa de Dios».

Betel se convirtió en un símbolo tanto de la presencia inconsciente de Dios como de su presencia consciente. Él dijo: «En realidad, el SEÑOR está en este lugar, y yo no me había dado cuenta» (Génesis 28:16). Esto significa que la casa de Dios es enorme, tan grande que tiene espacio para todo lo que hay de Él: su presencia consciente y también su presencia inconsciente.

La presencia inconsciente de Dios solo significa que nosotros no sentimos nada cuando Él está presente. Su presencia es muy real, ciertamente muy real. No obstante, un sentido de Él se mantiene *oculto* para nosotros. No sentimos nada en absoluto, pero Él está allí tanto como cuando lo sentimos.

Debemos aprender a respetar a Dios cuando no se aparece a fin de revelarse a sí mismo. Debemos honrarlo cuando no sentimos nada. Debemos adorarlo cuando estamos cansados y temerosos. En nuestro momento más débil —sí, incluso en nuestro momento más vergonzoso, cuando sentimos que hemos hecho todo mal y nada bien— Dios está absolutamente *allí*. «No te desampararé, ni te dejaré» (Hebreos 13:5), Él nos promete. O como dijo Jesús: «Yo estoy con vosotros todos los días, hasta el fin del mundo» (Mateo 28:20).

¿Puede aceptar esto? ¿Lo cree usted? Esto significa que Dios está con nosotros sin importar si lo sentimos o no, veinticuatro horas al día, trescientos sesenta y cinco días al año.

Tenemos que recordar esto en *todos* los momentos de nuestra vida. Esto puede ser en un tiempo de oración o un tiempo de frivolidad. Es cierto cuando estamos luchando para escuchar a Dios o cuando estamos divirtiéndonos. Es verdad cuando hemos estropeado todo y nuestros amigos cercanos o seres queridos nos malinterpretan o rechazan.

En 1956 tomé decisiones que cambiarían mi vida totalmente. Esas decisiones implicaban una perspectiva diferente, una teología diferente, una denominación diferente y un grupo diferente de amigos. Mi familia —mi papá, mi abuela, mis tías y tíos— se sintió angustiada. Ellos estaban convencidos de que me había salido por completo del camino y me encaminaba a un desastre seguro. Solo uno de mis parientes me apoyó —mi abuelo McCurley (por alguna razón él fue siempre mi pariente favorito)— diciendo: «Estoy con él, para bien o para mal». Eso era lo que yo precisaba. Necesitaba a alguien que me defendiera.

Dios es así. Él se encuentra a nuestro lado…estemos bien o mal.

Por lo tanto, no debemos entrar en pánico cuando no sentimos la presencia de Dios. No debemos darnos por vencidos cuando no sentimos nada. Porque aun cuando no sentimos nada, Dios está obrando. Cuando no sentimos su presencia, Él está allí: la presencia inconsciente de Dios. Aprenda a reconocer esto, y honrar tal momento, sin importar cuánto dure.

La presencia inconsciente de Dios puede ser la mejor explicación para cualquier número de situaciones: cuando usted está orando y leyendo su Biblia solo; cuando está haciendo todo lo que sabe hacer para complacerlo; cuando se ocupa de manera concienzuda de la obra del Señor en cualquier tipo de ministerio, por ejemplo: leyes, servicios de cuidados, medicina, la crianza de los hijos, contabilidad. En mi caso, la predicación.

He tenido esta experiencia más de una vez. En una ocasión en particular, en lugar de disfrutar de una gran libertad y un sentido de la unción del Espíritu Santo a la hora de predicar, estaba luchando. Mi boca estaba seca y podía sentir las gotas de sudor en mi cabeza. Sin embargo, continué perseverando. Me sentí aliviado cuando el sermón finalmente terminó. Luego bajé los escalones del púlpito histórico de la Capilla de Westminster, corriendo hacia la sacristía para estar solo. Me dije a mí mismo: «Si esto es lo mejor que puedo hacer, debo renunciar al ministerio»; me sentía abandonado por el mismo Dios que, según había pensado, me llamó a ser el ministro allí.

No obstante, Dios en su misericordia infinita se presentó momentos más tarde. Después del servicio, se escuchó un golpe en la puerta de la sacristía. Uno de nuestros diáconos me dijo que alguien quería verme. Un hombre entró en la sacristía. ¡He aquí que él se había recién convertido a través de mis lamentables momentos anteriores durante el sermón! Él no tenía ni idea de lo que yo había sentido durante mi predicación de ese día; tampoco tenía idea de cuán alegre me sentía porque Dios había eliminado mi falta de fe y salvado a este hombre.

Hace más de veinte años prediqué en un gran auditorio en Bournemouth, Inglaterra. El evento fue organizado por un grupo llamado *Easter People* [Gente de Pascua], y me sentí honrado de estar ahí. Les prediqué a quizás dos mil personas lo que pensé que sería un sermón apropiado. Sin embargo, cuando terminé, nadie dijo una palabra. A cada predicador que conozco en este mundo *le agrada* recibir una palabra de aliento después de haber predicado con el corazón. Al menos un «Gracias por sus palabras» (lo cual puede esconder los verdaderos sentimientos de la persona), «Eso fue muy bueno», o algo similar. ¿Pero esa noche? Nada. Avergonzado, me quedé allí durante diez minutos, aunque tenía que hacer un viaje de regreso de dos horas a Londres. Solo quería *una* palabra alentadora de que yo no había estropeado las cosas. Nada. Así que me fui a Londres.

Hace unas semanas, justo antes de comenzar este libro, una mujer se me acercó para decirme que me había escuchado predicar en un evento de Semana Santa en Bournemouth y se había convertido esa misma noche. No estaba preparado para esas palabras tan agradables. Ella no tenía ni idea de lo angustiado que me había sentido en esa ocasión, veinte años atrás.

El Señor estaba allí, pero no sentí nada.

¿Alguna vez ha sentido que Dios lo ha abandonado? La expresión bíblica para este sentimiento es que *Dios oculta su rostro*. «De verdad, tú eres un Dios que se oculta, el Dios de Israel, el Salvador» (Isaías 45:15, PDT). Este es un acontecimiento común que consideraremos en el capítulo 2.

Dos maneras de entender la presencia de Dios

Como ya he dicho, la presencia de Dios puede entenderse de dos maneras: su presencia inconsciente y su presencia conciente. Muchos de nosotros no apreciamos la presencia inconsciente de Dios; más bien, anhelamos su presencia consciente: cuando Él se muestra claramente.

El término teológico que resulta relevante para ambas formas de experimentar la presencia de Dios es la *omnipresencia* de Dios. Dios se encuentra en todas partes; no hay lugar donde no esté:

¿A dónde me iré de tu Espíritu? ¿Y a dónde huiré de tu presencia? Si subiere a los cielos, allí estás tú; y si en el Seol hiciere mi estrado, he aquí, allí tú estás. Si tomare las alas del alba y habitare en el extremo del mar, aun allí me guiará tu mano, y me asirá tu diestra. Si dijere: Ciertamente las tinieblas me encubrirán; aun la noche resplandecerá alrededor de mí. Aun las tinieblas no encubren de ti, y la noche resplandece como el día; lo mismo te son las tinieblas que la luz.

—Salmo 139:7–12

Los teólogos hablan de las «tres grandes *oes*»: la *omnipotencia* de Dios (Él es todopoderoso), su *omnisciencia* (Él lo sabe todo) y su *omnipresencia* (Él está en todos lados). Su omnipresencia no solo significa que Dios está en todas partes —su gloria llena el universo y todo lo que Él ha hecho— sino también implica que no podemos huir de Dios. Jonás descubrió que esto era cierto. Dios le dijo: «Ve a Nínive». Jonás contestó: «No». Él se levantó para huir «de la presencia del Señor» (Jonás 1:2–3, LBLA), pero encontró tal cosa imposible de cumplir. ¡A donde quiera que Jonás fuera, allí estaba Dios!

¿Está usted intentando huir de Dios? ¡Renuncie a ello! Esa es una empresa sin esperanza.

El hecho de que no pueda *sentir* a Dios no significa que Él no esté ahí. El hecho de que ni siquiera *crea* en Dios no hará que Él se vaya. Si no creemos, dijo Pablo, Dios «permanece fiel; Él no puede negarse a sí mismo» (2 Timoteo 2:13). Veamos algunos versículos bíblicos relacionados con la omnipresencia de Dios:

¿Se ocultará alguno, dice Jehová, en escondrijos que yo no lo vea? ¿No lleno yo, dice Jehová, el cielo y la tierra?

—Jeremías 23:24

Los ojos de Jehová están en todo lugar, mirando a los malos y a los buenos.

—Proverbios 15:3

Pero ¿es verdad que Dios morará sobre la tierra? He aquí que los cielos, los cielos de los cielos, no te pueden contener.

—1 Reyes 8:27

Nunca subestime cuán cerca de usted está Dios aunque no sienta nada. Cuando conocí por primera vez a la misionera Jackie Pullinger en Hong Kong, ella describió cómo decidió orar en el Espíritu durante quince minutos cada día «por el reloj». Añadió: «No sentí nada. Pero esos fueron los días en que comencé a ver conversiones en la Ciudad Amurallada». Jacob no era capaz de igualar a su abuelo Abraham. Él no podía haber sabido que un día la frase «el Dios de Abraham, de Isaac y de Jacob» se convertiría en un cliché en Israel, y que el nuevo nombre de Jacob, *Israel*, llegaría a ser el nombre de una gran nación. Todo comenzó en Betel, donde Jacob al principio no sintió nada, solo para darse cuenta más tarde de que Dios estaba allí y él no lo sabía.

Jacob se convirtió en un símbolo de la gracia soberana de Dios en más de un sentido. Era un ejemplo de un tunante a quien Dios amó. «Y amé a Jacob» (Malaquías 1:2; véase Romanos 9:13). No había absolutamente nada en Jacob que lo hiciera merecedor del amor de Dios. Había hecho todo mal. Y él lo sabía y estaba huyendo asustado. Lo último que esperaba era que Dios se le apareciera y luego revelara sus planes maravillosos para él.

¿Está usted corriendo asustado? ¿Tiene miedo de que Dios se le aparezca? ¿Tiene miedo de que si Dios se presentara sin duda lo juzgaría?

Betel ayer, Ramala hoy

¡Un día, cuando visité a Yasser Arafat en Ramala, me percaté mientras entraba en la ciudad de que estaba en el antiguo Betel! Sí, la actual ciudad de Ramala y la Betel de los tiempos bíblicos están muy cerca, en la misma ubicación geográfica. Le dije a Arafat, pensando que podría estar diciéndole algo que él no sabía: «¿Se da cuenta de que estamos en Betel?». Él ciertamente lo sabía y estaba muy contento.

Así que allí estaba —literalmente— en Betel, el mismo lugar donde Dios le manifestó su gloria a Jacob; en realidad, donde Jacob primero no sentía nada en cuanto a la presencia de Dios.

Traté de captar la idea. «Sí», me dijo, «Estoy exactamente donde Dios se encontró por primera vez con Jacob». Este era también el lugar preciso al que se le ordenó ir a Jacob cuando su corazón se había enfriado y apartado del propósito de Dios. Él obedeció y le anunció a su familia: «Quitad los dioses extranjeros que hay entre vosotros; purificaos y mudaos los vestidos; y levantémonos, y subamos a Betel; y allí haré un altar a Dios, quien *me respondió* en el día de mi angustia, y que *ha estado conmigo* en el camino por donde he andado» (Génesis 35:1–3, LBLA, énfasis añadido). Observe las dos frases que he puesto en cursivas en las palabras que pronunció Jacob. La primera es «quien *me respondió* en el día de mi angustia». Es por eso que sabemos que Jacob estaba orando cuando llegó al «cierto lugar» que mencionamos antes. La segunda frase, «que *ha estado conmigo* en el camino por donde he andado», muestra a Jacob reconociendo la presencia de Dios con él. Esto incluye el tiempo en que Labán lo maltrató (Génesis 31), cuando demostró que todavía temía que Esaú estuviera empeñado en matarlo (Génesis 32—33), y cuando su hija Dina andaba a la deriva y había perdido su pureza (Génesis 34).

Su familia estaba desunida, y Jacob parecía haber perdido el control de ella (Génesis 34:30–31). No obstante, cuando Dios le dijo: «Sube a Betel», esas palabras fueron música para sus oídos (Génesis 35:1). Su familia obedeció, y cuando salieron, «el terror de Dios estuvo sobre las ciudades que había en sus alrededores, y no persiguieron a los hijos de Jacob» (v. 5).

Esto me dice que si la Iglesia de hoy regresara a Betel, un sentimiento del temor de Dios caería sobre el mundo, que en este momento no respeta a la Iglesia como debería ser.

Dios le demostró al indigno de Jacob la verdad de su misericordia y gracia absolutas. La fidelidad de Dios parece demasiado buena para ser verdad. A veces digo: «¡A menos que el evangelio que usted haya escuchado predicar resulte "demasiado bueno para ser verdad", no lo ha escuchado todavía! Sin embargo, cuando se dice a sí mismo: "Eso es demasiado bueno para ser verdad", entonces lo ha escuchado en realidad». Tal cosa significa que somos salvos no por obras (Efesios 2:8–9). Sí, somos amados con amor eterno (Jeremías 31:3).

Un hombre vino a verme a la sacristía de la Capilla de

Westminster una noche. Era un reincidente reconocido. Me dijo que había sido salvado muchos años antes, pero sabía que ya no era cristiano debido a la profundidad del pecado en su vida.

—¿Qué esperanza tiene de ir al cielo? —le pregunté.

—No tengo esperanza en absoluto —respondió él.

—Si tuviera que estar delante de Dios y Él le preguntara: "¿Por qué debo dejarte entrar en mi cielo?", ¿qué diría? —le dije.

—No tengo esperanza alguna… solo que Jesús murió por mí en la cruz —replicó.

Lo miré y le pregunté de nuevo:

—¿Está diciendo que su única esperanza en cuanto al cielo es la sangre que Jesús derramó por usted hace dos mil años cuando murió en la cruz?

—Oh, sí —dijo de nuevo—. Pero me he alejado mucho de Dios.

—¿Qué pasaría si le dijera que es tan salvo como yo? —señalé.

—¿Podría ser cierto eso? —dijo mirándome.

—Es verdad —le aseguré—. Usted es tan salvo como yo, porque la única esperanza que tengo es la sangre derramada de Jesucristo.

Nunca vi algo así. El hombre cobró vida. Su rostro se iluminó. Esa era la mejor noticia que podía oír.

—No puedo creer que Dios me ame tanto —señaló—. Esto me hace querer servirle, vivir para Él. Me arrepiento mucho de mis pecados. Quiero entregarle mi vida de nuevo.

Luego añadió, como para comprobar dos veces lo que pensaba que había escuchado:

—¿Usted me está diciendo que he sido una persona salvada todos estos años?

—Eso es exactamente lo que estoy diciendo.

El hombre salió tan feliz —pude haber pensado— como el día en que se convirtió por primera vez.

No me sorprendería que algunos lectores no estuvieran de acuerdo con lo que le dije. Lo entiendo. Yo mismo fui educado para pensar que si había pecado de alguna manera, había perdido mi salvación e iba por consiguiente camino al infierno. Entonces tuve una epifanía un día a través de la más dulce y gloriosa manifestación de la presencia de Cristo que he experimentado. Y con ella llegó una garantía infalible de que había sido salvado eternamente. Nunca he mirado atrás.

He aquí la idea importante que quiero expresar con respecto a este hombre que vino a mi sacristía. Yo sabía que podía fácilmente conducirlo de vuelta al Señor. Por eso entró. Claramente, él estaba luchando con el asunto. Estaba muy arrepentido por su fracaso. Podría haberle indicado decir la oración del pecador y la hubiera orado con entusiasmo, sin duda alguna. Sin embargo, él habría depositado entonces su confianza en sus buenas obras en lugar de en la misericordia de Dios.

El pensamiento de que la presencia inconsciente de Dios había estado con él todos esos años lo impresionó grandemente. Le cité un salmo: «Si subiere a los cielos, allí estás tú; y si en el Seol hiciere mi estrado, he aquí, allí tú estás» (Salmo 139:8). El sentido abrumador de la misericordia de Dios le hizo querer enderezar su vida mucho más —en mi opinión— que si lo hubiera tratado como a una persona que necesitaba ser salvada.

¿Significa esto que todas las personas que declaran la oración del pecador o hacen una profesión de fe son salvas para siempre? No. Esto se debe a que tal oración puede ser hecha de una manera intelectual y no con el corazón. La promesa de la salvación es para los que creen en su corazón (Romanos 10:9–10).

Cuando Billy Graham predicó en la Capilla de Westminster en mayo de 1984, unas ochenta personas pasaron al frente, incluyendo a un hombre de negocios famoso a quien un amigo había llevado a escuchar al Dr. Graham. Todos se regocijaron cuando lo vieron caminar hacia adelante. Se le pidió a un miembro de la capilla que le diera seguimiento. El hombre no quería que lo hicieran, en absoluto. Él pensó que caminar al frente lo había salvado. Incorrecto. En mi opinión, este hombre no se había convertido.

No siempre podemos saber con seguridad quién es salvo y quién está perdido. No obstante, una cosa es cierta: somos salvos por gracia, no por obras. Y el corazón, no solo la mente, debe estar en el fondo de cualquier profesión de fe para que esta sea válida.

Martín Lutero dijo que tenía la esperanza de que en el cielo hubiera tres sorpresas aguardándolo: habría personas allí que no esperaba, algunas personas que esperaba ver allí no estarían, y —la mayor sorpresa— «que yo también estoy allí».

El Dr. Martyn Lloyd-Jones solía decir que un cristiano es una persona que está «sorprendida» de que él o ella es un cristiano. ¡Además, si no se sorprendieran, cuestionaría si en verdad se convirtieron!

Jacob estaba emocionado de recibir una palabra de Dios: «Regresa a Betel».

¿Necesita usted regresar a Betel? ¿Se ha alejado mucho de Dios? ¿Siente que Dios lo ha abandonado?

¿Dios le está pidiendo que regrese a Betel?

Betel es un símbolo de esperanza. Simboliza la manera en que Dios aparece cuando usted no siente absolutamente nada. Betel simboliza al Dios que sorprende, al Dios que nunca nos dejará. Muchos piensan que no hay esperanza, pero no es así, hay esperanza para usted.

Dios lo está llamando de regreso a casa.

Una mujer se acercó a Arthur Blessitt en América del Sur. Cuando ella lo vio, le dijo: «He querido conocerlo desde hace mucho tiempo. Fui a su cafetería en Sunset Strip hace muchos años. Usted oró conmigo. Inmediatamente busqué un teléfono y llamé a mis padres para decirles: "Voy a regresar a casa"».

Ella fue a su hogar. Se convirtió en misionera en América del Sur.

El día que visité por primera vez a Yasser Arafat, mientras Canon Andrew White, Lyndon Bowring, Alan Bell y yo nos alejábamos de sus instalaciones, Arafat agitaba la mano diciéndonos adiós. En ese momento el sonido del llamado a la oración de los musulmanes podía escucharse en la antigua Betel —ahora Ramala— desde varias direcciones. Ese fue uno de los momentos más extraños y memorables de mi vida. He pensado en ello muchas veces.

Es mi esperanza que un día el Dios de Abraham, de Isaac y de Jacob será de nuevo el centro de atención en el lugar histórico que una vez se conociera como Betel. Es mi oración que los musulmanes —incluso los líderes palestinos, por algunos de los cuales todavía oro a diario y quienes viven hoy en Ramala— descubran al Dios de la Biblia y lleguen a conocer a Jesucristo como el eterno Hijo de Dios que murió en la cruz por todas las personas. Es mi oración que la antigua promesa de que «la tierra será llena del conocimiento de la gloria de Jehová, como las aguas cubren el mar» se cumplirá pronto, muy pronto (Habacuc 2:14).

Cuando Jacob oró por primera vez al llegar a ese «cierto lugar» llamado Betel, no sentía nada. Solo sabía que había orado. Sin embargo, en pocas horas podría decir: «En realidad, el Señor está en este lugar, y yo no me había dado cuenta». Y agregó: «¡Qué asombroso es este lugar!» (Génesis 28:16–17, nvi).

La experiencia de Jacob muestra que cuando no sentimos a Dios, aun así Él está ahí, y manifiesta la grandiosidad de su presencia inconsciente.

CAPÍTULO 2

Cuando Dios oculta su rostro

De verdad, tú eres un Dios que se
oculta, el Dios de Israel, el Salvador.
—Isaías 45:15 (pdt)

Porque el Señor al que ama, disciplina,
y azota a todo el que recibe por hijo.
—Hebreos 12:6

«DAME LAS LLAVES, hijo», me dijo mi abuela. Se refería a las llaves del Chevrolet 1955 que ella me había comprado en marzo de 1955. Ahora transcurría julio de 1956, unos dieciséis meses más tarde, y ella me estaba pidiendo que le devolviera el auto. Tenía todo el derecho de hacerlo. Mi abuela inicialmente compró este coche para mí porque necesitaba viajar de Trevecca Nazarene Collage, en Nashville, Tennessee (donde yo estudiaba), hasta la Iglesia del Nazareno (donde era el pastor) en Palmer, Tennessee, que se hallaba a ciento doce millas (ciento ochenta kilómetros) de distancia. Se trataba de una pequeña iglesia que me había llamado para ser su pastor mientras seguía siendo un estudiante. No obstante, renuncié al pastorado el 20 de mayo de 1956, aproximadamente quince meses después. Su

20

demanda de que le devolviera el auto era totalmente justa, pues yo ya no era pastor allí.

Sin embargo, había otra razón —la verdadera razón— para que quisiera recuperar el auto. Resultó evidente para ella que yo no seguiría siendo un nazareno. Si no hubiera ocurrido un importante cambio teológico en mí durante los quince meses anteriores, mi abuela no habría tenido ningún problema con que conservara el automóvil.

En cierto sentido, darle el auto no me dolía en absoluto. Yo estaba convencido por completo de que estaba siguiendo al Espíritu Santo. Tuve una gran sensación de paz cuando le di las llaves. No obstante, debo decir que la situación me apenó mucho, no por perder el coche, sino porque de alguna manera me había convencido de que tanto mi abuela como mi padre se regocijarían por mi cambio teológico. Sin embargo, no lo hicieron. Lejos de eso, estaban totalmente convencidos de que yo había «roto con Dios», como lo expresara mi papá.

Hebreos 12:6

Recuerdo vívidamente yacer acostado en una cama en la casa de mi abuela mientras oraba una tarde de agosto en mi ciudad natal de Ashland, Kentucky. Me sentía angustiado. «¿Por qué?», pregunté.

Nada marchaba según el plan, es decir, según lo que supuse que sucedería. Por un lado, había tenido una visión clara meses antes —la cual pensé que era de Dios— que me mostraba que mi padre se sentiría complacido conmigo. Ciertamente, sucedió lo contrario. Casi todos mis familiares y amigos nazarenos no estuvieron de acuerdo con mi nueva dirección. Me sentí muy solo.

Mientras permanecía acostado en la cama esa tarde de agosto, escuché las palabras «Hebreos 12:6». Busqué mi Biblia para ver qué decía. Esta indicaba: «Porque el Señor al que ama, disciplina, y azota a todo el que recibe por hijo». Que pudiera recordar, nunca había visto ese versículo antes. Sin embargo, quedó claro para mí que estaba siendo disciplinado. ¿Pero por qué? ¿Había desagradado al Señor? ¿Me encontraba ahora fuera de su voluntad? ¿Estaba Dios castigándome por medio de mi abuela recuperando el auto? ¿Me disciplinaba Dios por ir en contra de mi padre y mi abuela? ¿Podría ser que ellos estuvieran en lo cierto y yo me encontrara equivocado?

De alguna manera no lo creía. Cierto, lo que ahora estaba sucediendo ante mis ojos no se correspondía con mis visiones de que Dios iba a usarme un día y mi papá estaría orgulloso de mí. Nada tenía sentido, pero aun así sabía que estaba siendo obediente al Señor. No había ningún indicio que me indicara seguir adelante, excepto el testimonio interior del Espíritu Santo…una frase que aprendería años más tarde.

Alguien podría decir que estaba siendo testarudo. Alguien podría decir que era demasiado orgulloso para admitir que estaba equivocado. Podía entender que las personas pensaran eso. Y algunas lo hicieron. No obstante, sabía en lo profundo de mi corazón que Dios se hallaba conmigo y que yo estaba siguiéndolo a Él.

También me proporcionaron lo que creía que era una idea clara en cuanto a una parte del significado de *disciplinar*. Pude ver que esto era un elemento esencial de mi preparación para el futuro. Representaba mi introducción a una enseñanza que se convertiría en un elemento vital de toda mi teología.

Castigo. La mayoría de las versiones de la Biblia ahora traducen la palabra griega *paideuei* como «disciplinar». Es la palabra que desde entonces he llegado a comprender como «aprendizaje forzado». Sabía que Dios estaba tratando conmigo como un Padre que corrige a su hijo. La palabra *azote* proviene del término griego *mastigoō*, el cual significa «fustigar con correas»,[1] un tipo bastante doloroso de castigo si me preguntan.

¿Pero qué había hecho mal? ¿Había cometido algún pecado en mi vida que hiciera que Dios me castigara? Puedo contestar: no existía ningún pecado manifiesto en mi vida. Ni el más mínimo. Quizás no era diferente a Job, un «hombre perfecto y recto, temeroso de Dios y apartado del mal» (Job 1:1). Ese era yo. Entonces. Sin embargo, Dios vio mi corazón como yo no era capaz de verlo. Y como Job más tarde percibiría su total pecaminosidad y arrogancia ante Dios (Job 42:6), así iba yo a necesitar un proceso —uno bastante largo— que con el tiempo me permitiría verme a mí mismo con objetividad: un corazón que era vil, engañoso y desesperadamente perverso (Jeremías 17:9).

Mi enseñanza nazarena no incluía el concepto del pecado en la vida de un creyente piadoso. Los nazarenos enseñaban que uno vivía «por encima» del pecado. Y en cierto sentido yo lo hice, pero tenía mucho que aprender. Como Job. Mi lección inaugural con respecto a la doctrina del castigo —un proceso doloroso que me llevaría a ver mi superioridad moral y arrogancia— fue ver que mi papá y mi abuela rechazaron mi nuevo camino. Perder el auto era fácil.

No tener su aprobación resultaba una tortura para mí, y esta duró mucho, mucho tiempo.

Esa larga prueba llevó a lo que es posiblemente el objetivo más destacado de todo mi ministerio de predicación y escritura durante los últimos sesenta años: el tema de la vindicación. Si usted tomara todas mis notas de sermones y marcara con un color azul que representa a la vindicación todo lo que se relaciona con ella, sospecho que encontraría ese color azul en casi todos los sermones. La necesidad de ser vindicado era tan profunda en mí durante 1956 y los años siguientes que me llevó a enfocarme en lo más difícil de aprender: la vindicación es prerrogativa *de Dios*, y solo de Él. Es lo que Él hace. Podría decirse que es una de las cosas que hace mejor. Y cualquier intento de nuestra parte para ayudarlo en esto solo retrasa el proceso. Él no quiere nuestra ayuda. No necesita nuestra ayuda. Y cuando insistimos en vindicarnos a nosotros mismos o ayudarlo, lo privamos de hacer lo que Él desea.

El castigo —o el proceso de ser disciplinado— es esencialmente una preparación. Significa que Dios no ha terminado con nosotros todavía. Es la forma en que Dios elige prepararnos para el servicio y nos hace partícipes de su santidad (Hebreos 12:10–11). Sí, Él puede —y lo hace— castigarnos por actuar mal.

Así procedió con el rey David después de su adulterio con Betsabé y de haber hecho matar a su marido, Urías, en el campo de batalla (2 Samuel 11—12). Sin embargo, no necesitamos cometer adulterio ni un asesinato para garantizar que Dios nos castigue. Él lo hace a causa de nuestro *potencial* para pecar. Podría considerarse como una medicina preventiva. Su corrección no garantiza que nunca pecaremos de forma manifiesta, pero ciertamente nos lleva a ver lo que somos en realidad. Y la vista no es gloriosa. Dios nos castiga para humillarnos, advertirnos y que nos sometamos a su soberana voluntad.

Es por eso que no permitió que mi papá y mi abuela se regocijaran en mi nueva teología y mi dirección eclesiástica. Él los usó para llamar mi atención en un área en la que no pensé que lo necesitaba.

Una experiencia trasformadora

La experiencia que cambió mi vida comenzó en la mañana del lunes 31 de octubre de 1955. Aquellos lectores que han seguido mi ministerio a lo largo de los años ya saben lo que estoy a punto de contar. Conducía de regreso a Trevecca Nazarene Collage, en Nashville. Acababa de llegar al final de Mount Eagle en la antigua US 41. Apagué la radio (normalmente la escucharía todo el camino) porque sentía una pesada carga por orar. Al principio no tuve ningún sentido de Dios. Todo lo contrario, me sentía tan desprovisto de cualquier tipo de seguridad que cuestionaba mi relación con Él, incluso si había sido salvado (para no mencionar el hecho de haber sido santificado por completo como pensaba en esos días). Dos versículos de la Biblia llegaron a mi mente: «Depositen en él toda ansiedad, porque él cuida de ustedes» (1 Pedro 5:7, NVI), y «Porque mi yugo es fácil, y ligera mi carga» (Mateo 11:30). Agonizaba por que Dios me ayudara a depositar mi ansiedad sobre Él, de modo que yo pudiera decir: «Mi yugo es fácil, y mi carga es ligera».

De repente, ahí estaba Jesús literalmente, visible e intercediendo de forma personal por mí a la diestra de Dios.

Él era tan real como cualquier persona o cosa que hubiera visto en mi vida. De inmediato sentí cuán *literal* resultaba todo esto, que Jesús estuviera *a la diestra* del Padre. Pude sentir al Padre detrás de mí; Jesús estaba a *su* diestra…y a mi diestra mientras continuaba conduciendo hacia Nashville. Lo que me conmovió más fue su amor por mí. Vi que se preocupaba más por mí que yo. Él estaba completamente consciente de todo lo que había estado en mi mente, de cada inquietud que había tenido. Me eché a llorar. Nunca me sentí tan querido. Dejé de orar. Solo miraba.

Lo curioso era que sabía que Jesús estaba intercediendo por mí, pero no podía repetir lo que decía. Solo sabía cuánto me amaba. Su intercesión continuó como si estuviera poniendo su vida en juego ante el Padre…como si tuviera que persuadir al Padre para que viniera a mi rescate. No estoy pretendiendo entender esto; solo estoy describiendo lo que sentí claramente en ese momento.

Lo siguiente que recuerdo es que una hora más tarde, mientras conducía a través de una ciudad llamada Smyrna, en Tennessee, escuché a Jesús decirle al Padre: «Él quiere eso». El Padre respondió: «Él puede tenerlo». En ese momento sentí un dulce alivio, una paz maravillosa; aprendería a llamarle a esto el reposo de la fe. Ese día creí, y lo creo ahora, que se trata del mismo reposo que se describe en Hebreos 4:10: «El que ha entrado en su reposo, también ha reposado de sus obras, como Dios de las suyas». Reposar de mis propias obras describe cómo me sentí; reposar de mis propias obras muestra además que ya no confío en mis obras para saber que soy salvo. Esto era «eso». Podía sentir un calor en mi pecho. De inmediato pensé en la reconfortante experiencia de John Wesley en Aldersgate Street,

Londres, cuando se sintió plenamente seguro de haber sido justificado por la fe. Durante ese momento, por unos pocos segundos —menos de medio minuto— vi a Jesús mirarme directamente.

Antes del final de ese día, pasé a lo que más tarde reconocería como teología reformada. Sabía sin ninguna duda que yo estaba eternamente salvado. Sabía de manera absoluta que Jesús fue levantado físicamente de entre los muertos. Me sentía impresionado de que Él fuera en verdad un *hombre*. Sabía que Él estaba volviendo personalmente de nuevo. También sabía que lo que me había sucedido era obra del Espíritu Santo. No había nada que yo pudiera hacer para lograr que lo que me pasó a mí le ocurriera a otra persona. Por un corto tiempo pensé que podría haber sido el primero desde que el apóstol Pablo experimentara y creyera lo que se estaba volviendo real para mí. Lo que resultó *muy* emocionante en los meses que siguieron fue aprender que simplemente había visto la soberanía de Dios sin haber leído una sola palabra de Juan Calvino o algún puritano. Estoy asombrado de eso hasta el día de hoy. No había nada en mi trasfondo nazareno que me permitiera anticipar tal creencia. Me enseñaron lo contrario.

—Te estás inclinando hacia el calvinismo —me advirtió mi profesor el Dr. William M. Greathouse.

—¿Qué es eso? —pregunté.

—No creemos en eso —dijo, refiriéndose a enseñanzas tales como la seguridad eterna del creyente y la elección.

—Entonces estamos equivocados —le aseguré mirándolo fijamente.

A los pocos meses de esa experiencia, empecé a tener visiones. No sueños, sino visiones claras. Algunas se cumplieron literalmente en meses, y otras en años. Por primera vez vi que mi futuro ministerio estaría fuera de mi antigua denominación. Hasta entonces no podía concebir pensar fuera de la «caja nazarena», como se podría decir hoy en día. También tuve visiones de un gran avivamiento que tendría lugar en el mundo, basado en gran medida en el mensaje de que Jesús viene pronto... ¡y todo el mundo lo creyó! Esas son algunas de mis visiones no cumplidas.

Eran días increíbles, que duraron hasta mediados de 1956, cuando se hizo evidente que perdería la aprobación de mi papá y mi abuela. Entré en una época en la que Dios ocultó su rostro de mí por un largo período de tiempo.

La palabra que recibí mientras permanecía acostado en la cama de mi abuela cuando escuché «Hebreos 12:6» no solo me explicó lo que me estaba sucediendo en ese momento, sino también fue profética.

Mostraba lo que iba a ocurrir durante mucho tiempo, un largo tiempo.

«No olvides tu trasfondo nazareno»

Ahora necesito decir algo importante sobre mi papá, mi abuela y mi antigua denominación. En primer lugar, está mi padre. Él fue el hombre más piadoso que conocí. El recuerdo más temprano que tengo de él es verlo de rodillas orando durante treinta minutos cada mañana antes de ir a trabajar. No era un ministro. Era el sueño de un pastor: el laico más fuerte (probablemente) en mi vieja iglesia en Ashland, Kentucky. Amaba a Dios, la Biblia, su Iglesia y los servicios. Durante las vacaciones, descubría dónde estaban celebrando reuniones para poder sentarse a escuchar una predicación ungida. Él leyó su Biblia completa muchas veces. Su lista de oración, la cual repasaba todos los días, incluía *cientos* de nombres y situaciones. Él deseaba *mucho* que yo sobresaliera en su denominación.

En segundo lugar, está mi abuela, «Madre Kendall», como la llamaban. Las personas iban a su casa con frecuencia a pedirle que orara por ellas. Los pastores se apoyaban en sus oraciones. Buscaban sus consejos. Su Biblia estaba subrayada desde Génesis hasta Apocalipsis. Amaba la Palabra, la adoración y el canto. En realidad, *vivió* para Dios y su iglesia. Ella quería que yo predicara en su funeral un día e incluso me dio el texto que quería que usara. Usted puede imaginar lo herida que se sintió cuando tomé una dirección teológica diferente a la suya.

En tercer lugar, está mi antigua denominación. Quizás le gustaría saber que una de las cosas que causó que el Dr. Martyn Lloyd-Jones me amara como lo hizo y me eligiera para ser su sucesor en la Capilla de Westminster fue mi denominación anterior. «No olvides tu trasfondo nazareno», me decía una y otra vez. «Eso es lo que te ha salvado», añadía, queriendo decir que era lo que me había salvado de ser un calvinista «perfectamente ortodoxo, perfectamente inútil» (lo cual él temía que caracterizaba a muchos ministros reformados). «Predica como un nazareno», me dijo el día en que la Capilla de Westminster me llamó oficialmente para ser su pastor principal.

Debo añadir que a través de la influencia del Dr. William M. Greathouse, la Universidad Nazarena de Trevecca, como más tarde llegó a ser llamada, me honró con el título de doctor en divinidades en el año 2007. Puedo asegurarle al lector que atesoro mi trasfondo nazareno más de lo que las palabras pueden expresar.

Tres tipos de castigo... o disciplina

En abril de 1956 escuché un sermón del Dr. Hugh Benner, superintendente general de la Iglesia del Nazareno, que me impactó profundamente, casi demasiado profundamente, si eso es posible.

Él predicó sobre Filipenses 2:5: «Haya, pues, en vosotros este sentir que hubo también en Cristo Jesús».

Enfatizó la idea de que Jesús se había convertido en la «vergüenza más baja posible» para la gloria de Dios. Después de ese sermón me puse de rodillas. Por alguna razón le pedí a Dios: «Haz que sea la vergüenza más baja posible para tu gloria». Realmente lo hice. Tal vez no debería haber orado así, pero lo hice. En el momento en que oré así no parecía haber posibilidad de que una oración como esa fuera contestada. Yo estaba en la cima del mundo. Experimentaba la feliz manifestación del rostro de Dios. Cuando Dios muestra su rostro, la vida es maravillosa. Emocionante. A veces eufórica. Nada parece ir mal. Yo era pastor de una iglesia nazarena, estudiante asistente del decano de religión, el Dr. William M. Greathouse (quien más tarde se convertiría en presidente de Trevecca y superintendente general de la Iglesia del Nazareno), y considerado por algunos como el niño mimado de mi denominación. No tenía problemas. Sin embargo, en menos de tres meses los miembros de mi familia me dijeron: «Eres una vergüenza, una desgracia».

Mi brillante futuro repentinamente se volvió sombrío. Mi padre me pidió que pagara el alquiler si me quedaba en casa. Conseguí un trabajo conduciendo un camión para una tintorería. Con el tiempo, me fui de casa. Tuve que comprar un viejo coche usado para transportarme. Luego comencé a vender equipamiento para bebés. No volví a Trevecca al otoño siguiente.

En agosto de 1956, a continuación de su comentario «Has roto con Dios», mi padre me pidió pruebas de que no lo había hecho. Intenté encontrar algo que decirle. Recurrí a una de mis visiones. Sabía que Dios iba a utilizarme un día, lo cual incluía tener un ministerio. Cuando describí una de mis visiones, mi padre dijo: «¿Cuándo? ¿Cuándo se cumplirá esto?». Respondí que sucedería en un año. No obstante, un año más tarde no formaba parte tan siquiera del ministerio. Cinco años después vendía aspiradoras puerta a puerta. Mi padre se sentía totalmente justificado en su evaluación de mí.

Fue Hebreos 12:6 lo que me dio un sentido de cordura. Ni siquiera una sola de mis visiones apuntaba a la larga temporada de rechazo que experimenté. Todas mis visiones habían sido positivas, indicando cosas maravillosas en el camino. Sin embargo, Hebreos 12:6, que vino a mí sobrenaturalmente, fue lo que me dio una razón para vivir. No había hecho nada malo (que yo supiera) para traer sobre mí la corrección del Señor. No obstante, había muchas cosas malas dentro de mí que necesitaban salir a la superficie y ser tratadas. Amargura. Arrogancia. Enfado. Profundo dolor.

La idea del perdón total nunca entró en mi mente. Había cometido muchas equivocaciones en esos días. Necesitaba en gran manera solucionar las cosas. Necesitaba cada ápice de la disciplina del Señor que estaba experimentando.

Años más tarde desarrollaría mi propia enseñanza en

cuanto al castigo. El castigo significa esencialmente el ocultamiento del rostro de Dios. Es cuando nos golpeamos contra una pared. Nada tiene sentido. El mismo Dios que era tan real y misericordioso ayer parece un enemigo hoy. Usted ora y el cielo parece de metal. No obtiene respuesta, no hay consuelo. Se siente abandonado. Es lo que David experimentó de vez en cuando y lo que más temía:

> Jehová, no me reprendas en tu enojo, ni me castigues con tu ira.
>
> —Salmo 6:1

> ¿Por qué estás lejos, oh Jehová, y te escondes en el tiempo de la tribulación?
>
> —Salmo 10:1

> ¿Hasta cuándo, Jehová? ¿Me olvidarás para siempre? ¿Hasta cuándo esconderás tu rostro de mí?
>
> —Salmo 13:1

Oliver Wendell Holmes (1809–1894) expresó la experiencia de esta manera: «Nuestra medianoche es tu sonrisa retirada».[2] John Newton (1725–1807), más conocido por «Sublime gracia», también escribió un himno que representa el tiempo en que Dios oculta su rostro de Dios:

> ¡Cuán tediosas y sin sabor las horas
> cuando a Jesús ya no veo!
> Perspectivas dulces, pájaros dulces y dulces flores,
> todos han perdido su dulzura para mí.
> El sol de pleno verano brilla pero tenue,
> los campos tratan en vano de parecer alegres;

No obstante, cuando estoy feliz en Él,
diciembre es tan agradable como mayo.[3]

Hay tres clases de castigo o disciplina: interno, externo y terminal.

Castigo interno

Es cuando la Palabra de Dios opera en nuestros corazones. Tiene lugar cuando somos disciplinados por la Palabra. Su Palabra es más cortante que cualquier espada de dos filos (Hebreos 4:12). Además, todo lo que está en la Escritura constituye el plan A de Dios, a fin de llegar a nosotros a través de lo que Él ha hablado ya.

Sin embargo, el castigo interno no siempre funciona. Me avergüenza decir que no funcionó completamente conmigo. ¡Todo lo que Jesús enseñó acerca del perdón, amar a nuestro enemigo y la superioridad moral estaba en mi Biblia! Es lamentable, pero esto no pareció perturbarme. Necesitaba ayuda: un castigo externo.

Castigo externo

Este es el plan B de Dios, cuando Él viene de afuera. Dios recurre a otros medios para llamar nuestra atención: el rechazo de la gente, un revés financiero, una enfermedad, la retención de una reivindicación, la pérdida de un amigo. La lista de las formas en que Dios puede llamar nuestra atención resulta interminable. Algunos en Corinto experimentaron esto: «Por esta razón hay muchos débiles y enfermos entre vosotros» (1 Corintios 11:30, LBLA). Dios los afligió por la forma en que abusaron de la Cena del Señor.

Dios usó un gran pez para que se tragara a Jonás. Eso fue lo que llevó a Jonás a buscarlo como nunca lo había hecho. Jonás permaneció en el vientre del pez durante tres días y tres noches. «*Entonces* oró Jonás» (Jonás 2:1, énfasis añadido).

¿Qué se necesita para hacerlo orar a *usted*?

La mayoría de nosotros necesitamos alguna forma de castigo externo. Es lo que David quiso decir cuando habló de que Dios le ocultaba su rostro. Martín Lutero nos enseñó que debemos conocer a Dios como un enemigo antes de que podamos conocerlo en realidad.

«De verdad, tú eres un Dios que se oculta, el Dios de Israel, el Salvador» (Isaías 45:15). La ironía del castigo de Dios es que cuando parece tan *ausente*, Él está totalmente presente con nosotros. El ocultamiento del rostro de Dios representa su presencia inconsciente. Nunca lo subestime. Manténgase agradecido por ello. Es lo que necesitamos.

Castigo terminal

Esto significa que su tiempo ha terminado. Es el peor escenario imaginable para un cristiano. Se realiza en una de dos maneras, y a veces en ambas. En primer lugar, se puede llevar a cabo por medio de una muerte prematura. Ciertos corintios lo experimentaron debido a su abuso de la Cena del Señor: «Incluso varios han muerto» (1 Corintios 11:30, NIV). Dios los llevó a casa. Ellos habían sido salvados: «Mas siendo juzgados, somos castigados por el Señor, para que no seamos condenados con el mundo» (v. 32). Es algo similar al «pecado que sí lleva a la muerte» (1 Juan 5:16, NVI). En mi opinión, esto fue lo que les sucedió a Ananías y Safira. Ellos eran verdaderos creyentes, pero la avaricia los venció. Así que les mintieron conscientemente a los apóstoles —y por consiguiente al Espíritu Santo— y cayeron muertos en el lugar (Hechos 5:1–11).

En segundo lugar, la corrección terminal puede realizarse a través de la incapacidad absoluta de ser renovados para arrepentimiento en esta vida. Tal persona vive, pero nunca vuelve a saborear la alegría de ser transformada de gloria en gloria. Aquellos que se describen en Hebreos 6:4–6 fueron personas salvas que habían ignorado la voz del Espíritu Santo; ellos no podían ser renovados de nuevo para arrepentimiento. Estoy seguro de que personalmente he visto gente como esta. En cuanto a los que experimentan ambos tipos de castigo terminal, el rey Saúl podría incluirse en esta categoría. Él vivió unos veinte años en la condición de alguien que es inalcanzable y luego tuvo un horrible final (1 Samuel 31).[4]

¿Por qué Dios oculta su rostro de nosotros?

En Hebreos 12:1–11 podemos encontrar verdades significativas sobre el castigo de Dios; en realidad, este es uno de los pasajes más alentadores del Nuevo Testamento. El escritor había acabado de escribir sobre los grandes hombres y mujeres de fe en Hebreos 11. Luego animó a sus lectores a seguir los pasos de estas personas de las cuales el mundo «no era digno» (v. 38): «Por tanto, nosotros también, teniendo en derredor nuestro tan grande nube de testigos, despojémonos de todo peso y del pecado que nos asedia, y corramos con paciencia la carrera que tenemos por delante» (Hebreos 12:1). Él señala que estos cristianos hebreos todavía no habían derramado su sangre —muertos por la espada— debido a su fe, luego les recuerda las palabras antiguas que se dirigen a ellos como hijos: «Hijo mío, no menosprecies la disciplina del Señor, ni desmayes cuando eres reprendido por él; porque el Señor al que ama, disciplina, y azota a todo el que recibe por hijo» (Hebreos 12:5–6).

Usted recordará que esto incluye el versículo que me fue dado mientras me encontraba acostado en la cama de mi abuela. ¿Qué verdades podemos aprender de este pasaje de Hebreos? Hemos visto hasta ahora que el castigo es esencialmente preparación; es lo que nos prepara para el servicio futuro, mostrando que Dios no ha terminado con nosotros. Sin embargo, ¿qué más podríamos aprender?

Es una prueba de que Dios nos ama.

Dios solo disciplina a los que ama. Como dije antes, nunca me sentí tan amado como ese lunes por la mañana el 31 de octubre de 1955. Eso fue lo que *sentí* conscientemente. En cambio, cuando mi abuela me pidió que le devolviera el auto, no me *sentí* tan amado. No obstante, esta vez Dios escogió mostrarme en su Palabra que me amaba. Una cosa es sentir su amor consciente por medio de su presencia, y es otra cuando Él solo nos lo dice en su Palabra. La pregunta es: ¿Nos regocijamos con su Palabra del mismo modo que lo hacemos con su presencia consciente?

Uno de los propósitos de la corrección de Dios es enseñarnos que debemos creer en su Palabra durante el tiempo en que oculta su rostro tanto como lo hacemos cuando nos hace sentir bien. Recuerde, cuando Dios muestra su rostro, nos está complaciendo. Sin embargo, cuando creemos en su Palabra —sin el sentido de su presencia consciente— tenemos una tremenda oportunidad de complacerlo *a Él.*

Debemos estar tan complacidos de agradarle como lo

estamos cuando Él nos agrada a nosotros. Y lo agradamos creyendo en su Palabra. Sin fe es imposible agradar a Dios (Hebreos 11:6). Él nos agrada cuando muestra su rostro, así que cuando oculta su rostro y nos dice en su Palabra que nos ama —y lo aceptamos— le agradamos. Es entonces cuando demostramos que queremos más de Él y deseamos conocer sus caminos (Éxodo 33:13), en lugar de solo obtener más de Él, es decir, obtener las cosas que queremos que nos conceda.

Responda a esta pregunta: ¿Quiere *obtener* más de Dios o *conocer* más a Dios? Cuando usted y yo podemos demostrar que agradamos a Dios regocijándonos en su *Palabra* cuando nos oculta su rostro, revelamos que queremos conocerlo más; por lo tanto, estamos respondiendo positivamente a su disciplina de una manera que en realidad le agrada.

He aquí otra pregunta: ¿Qué le da más satisfacción saber que está agradando a Dios o que Él lo agrade a usted?

Me encanta la sensación de despertar después de una buena noche de sueño. Acercarme a Dios en mi tiempo de quietud cuando he tenido una noche entera de sueño ininterrumpido se convierte en un verdadero placer... ¡aun más cuando logro dormir una hora extra! Sin embargo, justo esta misma mañana me desperté una hora antes. Me sentí muy decepcionado. Necesitaba trabajar hoy en este libro y quería disfrutar de una noche completa de sueño. No podía volver a dormirme. Le rogué a Dios que me concediera otra hora, o al menos media hora. Permanecí despierto. Finalmente me levanté y busqué al Señor, como trato de hacer al iniciar cada día. Estaba muy cansado. No obstante, tengo esta satisfacción: sé que de todos modos puedo complacerlo orando por tanto tiempo, tan fielmente, y tan bien como pueda. Pablo dijo que debemos estar listos «a tiempo y fuera de tiempo» (2 Timoteo 4:2).

Eso significa ser igualmente fieles y diligentes ya sea que tengamos deseos o no. «A tiempo» sin duda puede referirse a la presencia consciente de Dios, cuando es relativamente fácil orar o hacer la obra del Señor, pero «a tiempo» puede también referirse a cuando nos sintamos bien físicamente. Por lo tanto, quiero agradar al Señor orando fielmente cuando no me siento tan bien. Estoy satisfecho sabiendo que en especial cuando no me siento tan bien, Él está complacido conmigo. Uno de los versículos más importantes del Nuevo Testamento se refiere a Enoc, quien recibió el elogio de «haber agradado a Dios» (Hebreos 11:5).

Lo exhorto a regocijarse sabiendo que usted ha agradado a Dios.

No quiero ser injusto, pero considere esto: el deseo de la presencia consciente de Dios podría en algunos casos ser un deseo inconsciente de evitar la fe. Sí. Tener que ejercitar la fe no resulta divertido a veces. Hay ocasiones en que debemos *elegir creer*. Dios puede derramar su Espíritu sobre nosotros tan poderosamente que nuestra fe aumenta sin ninguna lucha de nuestra parte, pero cuando Dios oculta su rostro, a menudo luchamos para creerle. Por lo tanto, en ocasiones las personas optan por ver lo milagroso para evitar la fe. Repito, cuando Dios manifiesta su presencia consciente, nos agrada. Sin embargo, cuando oculta su rostro y aun así elegimos creerle, nosotros le agradamos a Él.

Por favor, no malinterprete esto, pero en las horas inmediatamente después de mi antes mencionada entrada en el reposo de Dios... ¡apenas necesitaba fe! *Dios era muy real.* Y—¡ah!— Él me complació en todo momento ese día. No obstante, hubo un punto en el camino en el que me golpee con una pared y —¡ah!— sentí que Él me había traicionado. La verdad es que esa temporada de gozo interior extremo duró unos diez meses. Y de repente terminó. Con el tiempo llegué a ver que el final de ese tiempo dichoso fue introducido por la invitación a agradar a Dios. Él me complació por un buen rato. Ahora debía complacerlo aceptando el ocultamiento del rostro de Dios. Fue entonces cuando me fue dado «Hebreos 12:6». Eso es lo que me sostuvo de ahí en adelante.

El castigo es doloroso e inevitable si somos verdaderamente hijos de Dios.

«Lo que soportan es para su disciplina», dice el escritor (Hebreos 12:7, NVI). Él reconoce además que esto es causa «de tristeza» (v. 11). Tal cosa significa que es probable que dure un tiempo. Es por eso que afirma que debemos *soportar*. ¿Cuánto tiempo? Tanto como sea necesario. Así como los padres disciplinan a cada hijo o hija, del mismo modo el Padre celestial nos disciplina. En realidad, Él lo hace mientras que necesitemos corrección. El proceso correctivo no es divertido. Es lo que llama nuestra atención.

Nuestro Padre celestial no se complace en disciplinarnos. Él solo hace lo que sabe que resulta necesario. Mi propio padre solía decir al castigarme: «Hijo, esto me duele más a mí que a ti». ¡En verdad no le creí hasta que mi esposa y yo nuestros propios hijos! Ningún buen padre disfruta al tener que castigar a sus hijos. Es por puro amor que los buenos padres corrigen a sus hijos. Esto es lo que el Dr. James Dobson llama «amor difícil».

¿Todos necesitamos ser castigados? ¿Hay algunos que no necesitan esta disciplina? La respuesta: todos la necesitamos, porque todos somos pecadores. «Si decimos que no tenemos pecado, nos engañamos a nosotros mismos, y la verdad no está en nosotros» (1 Juan 1:8). «Engañoso es el corazón más que todas las cosas, y perverso; ¿quién lo conocerá?» (Jeremías 17:9). Los padres necesitan disciplinar a sus hijos, porque «los malvados se pervierten desde que nacen; desde el vientre materno se desvían los mentirosos» (Salmo 58:3, NVI). Nuestro Padre celestial nos disciplina porque lo necesitamos. El mismo Dios que ve el final desde el principio también percibe el pecado potencial en nosotros, como lo hizo con Job. Ni una sola persona que haya vivido podría soportar las presiones que enfrentó Job —que era tan perfecto como podría ser (Job 1:1)— sin poner de manifiesto una vergonzosa superioridad moral. Por eso Dios nos mantiene bajo su mano amorosa, invitándonos a soportar la dureza no sea que nos tomemos demasiado en serio.

No ser castigado significa que uno no es un verdadero hijo de Dios.

«Si se os deja sin disciplina, de la cual todos han sido participantes, entonces sois bastardos, y no hijos» (Hebreos 12:8). Dios no disciplina a los que no son suyos.

Esta enseñanza también es útil para las personas que carecen de seguridad en cuanto a su propia salvación. He tratado con cientos de individuos a través de los años que temen que no son verdaderamente salvos. A menudo les pregunto: ¿Alguna vez ha sido disciplinado por el Señor?

¿Alguna vez ha experimentado su castigo? Si la respuesta es: «Ciertamente», les digo: «Eso debería alentarlo; Dios no castiga a los que no son suyos».

Hace muchos años cuando nuestra familia vivía en Fort Lauderdale, Florida, teníamos un hermoso árbol de orquídeas en nuestro jardín. ¡Un día miré hacia fuera al jardín y noté que todas las flores —incluso las yemas— habían sido cortadas! Sabía que nuestro hijo de tres años, TR, había hecho esto. Inmediatamente lo confronté. Él dijo: «Pero Billy [el niño de al lado] lo hizo también. ¿Por qué no lo castigas?». Le respondí: «Él no es nuestro hijo. Tu sí».

El castigo no solo demuestra que somos hijos e hijas de Dios, sino también que tenemos un futuro, porque el castigo es la preparación para una utilidad futura.

Nuestros padres no eran perfectos; nuestro Padre celestial es perfecto.

Nuestros padres nos disciplinaron «como mejor les parecía» (Hebreos 12:10, NIV). Seis de los errores más comunes de los padres a la hora de corregir a sus hijos son:

1. Ellos disciplinan porque la gente está mirándolos y no quieren ser considerados como irresponsables.

2. Castigan a sus hijos por ira y frustración.

3. Les gritan a sus hijos en lugar de razonar con ellos calmadamente.

4. Motivan a sus hijos a esforzarse para alcanzar la excelencia por miedo.

5. Establecen objetivos poco realistas para que sus hijos los alcancen.

6. No pasan suficiente tiempo con sus niños. Los niños deletrean *amor* como T-I-E-M-P-O.

Ahora consideremos a nuestro Padre celestial. Primero, Él no tiene nada que probarle a nadie de su creación, incluyendo a los ángeles. Piensa usted que Dios mira por encima de su hombro y consulta con los ángeles después de disciplinarnos y les pregunta: «¿Cómo creen que lo hice?». ¡Impensable! Más bien, Isaías pregunta: «¿A quién pidió consejo para ser avisado? ¿Quién le enseñó el camino del juicio, o le enseñó ciencia, o le mostró la senda de la prudencia?» (Isaías 40:14). Respuesta: nadie.

Segundo, nuestro Padre celestial nunca pierde su temperamento cuando nos corrige. Él está en perfecta paz con respecto a todo lo que dice y hace. Se le describe como un Dios de «paz» (1 Tesalonicenses 5:23; 2 Tesalonicenses 3:16). Por eso se nos promete permanecer en «completa paz» cuando nuestras mentes están fijas en Dios (Isaías 26:3).

Tercero, nuestro Padre celestial no nos grita cuando nos corrige. Él cuestionó calmadamente a un Jonás enojado y desobediente: «¿Tienes razón de enfurecerte tanto por la planta?» (Jonás 4:9, nvi). Él le habló a Elías con un «suave murmullo» (1 Reyes 19:12, nvi).

Cuarto, nuestro Padre elimina nuestro miedo cuando nos pide hacer su voluntad. Él le dijo al joven Jeremías: «No temas delante de ellos, porque contigo estoy para librarte» (Jeremías 1:8).

Quinto, Dios no requiere que tengamos éxito, solo que

proclamemos fielmente su Palabra. Él le dijo a Isaías: «Ve y dile a este pueblo: "Por más que oigan, no entenderán; por más que miren, no captarán"» (Isaías 6:9, PDT).

Sexto, Dios siempre tiene tiempo para nosotros; Él nunca nos deja o nos desampara (Hebreos 13:5). Salmos 139:7 afirma: «¿A dónde me iré de tu Espíritu? ¿Y a dónde huiré de tu presencia?». «Clama a mí, y yo te responderé, y te enseñaré cosas grandes y ocultas que tú no conoces» (Jeremías 33:3). Jesús dijo: «Yo estoy con vosotros todos los días» (Mateo 28:20).

En una palabra: Dios nos disciplina «para nuestro bien» (Hebreos 12:10, NVI).

Dios nos disciplina para que «participemos de su santidad» (Hebreos 12:10).

Todos somos congénitamente alérgicos a la santidad. Por naturaleza, cada uno de nosotros «se apartó por su camino» (Isaías 53:6). «Todos se desviaron, a una se hicieron inútiles; no hay quien haga lo bueno, no hay ni siquiera uno» (Romanos 3:12).

Dios es santo (Levítico 11:44). Él nos ha mandado a ser santos (1 Pedro 1:16). Si solo debiéramos acoger con los brazos abiertos todos sus mandamientos a ser santo...¡y luego santidad manifiesta! Sí, tenemos al Espíritu Santo. Es el Espíritu en nosotros el que nos permite darle la bienvenida al castigo de Dios. Sin embargo, el hecho es que todos necesitamos algún tipo de disciplina, por lo general el plan B, como he sugerido anteriormente. Dios hace lo que sea necesario para llamar nuestra atención, a fin de que nos pongamos de rodillas y aceptemos su voluntad para nuestra vida.

El castigo garantiza un efecto deseado más adelante.
Usted podrá recordar que antes señalé que la palabra griega que se traduce como «castigar» puede significar un aprendizaje forzado. Al principio este es doloroso, sí, según dice el escritor de Hebreos.

«Es verdad que ninguna disciplina al presente parece ser causa de gozo, sino de tristeza; pero después da fruto apacible de justicia a los que en ella han sido ejercitados» (Hebreos 12:11). ¡En otras palabras, esta no es en vano! Tiene un propósito definido. Dios no nos castiga porque desea hacernos sentir tristes. Él no quiere hacernos daño. Del mismo modo en que disciplinamos a nuestros propios hijos para hacerlos mejores, así Dios trata con nosotros de manera que pueda lograr el resultado deseado.

El castigo nos pone a prueba y nos mantiene en nuestro lugar.
Quisiera añadir otros tres resultados del hecho de que Dios oculte su rostro: primero, para poner a prueba nuestro compromiso, y segundo, para mantenernos en nuestro lugar. Se dice de Ezequías que «Dios lo dejó, para probarle, para hacer conocer todo lo que estaba en su corazón» (2 Crónicas 32:31). Aunque Dios no nos *tienta* (Santiago 1:13), ciertamente puede probarnos. Un juicio severo hace que salga a la superficie en nuestra vida un pecado que no sabíamos que estaba allí. Esto resulta embarazoso, como Job lo descubrió: «¡Me tapo la boca con la mano!» (Job 40:4, NVI). Además, la disciplina de Dios nos mantendrá en nuestro lugar. Tercero, Dios oculta su rostro de nosotros de vez en cuando para evitar que desarrollemos una familiaridad excesiva con Él. Cuando el Señor manifiesta su presencia conciente

durante un período de tiempo, admito con vergüenza que me descubro empezando a desarrollar inconscientemente un sentimiento de derecho. Me familiarizo demasiado con Él. Le concedo a mi relación una intimidad que no es tan fuerte como quise pensar. Dios tiene una manera de humillarnos, de impedir que nos tomemos demasiado en serio. En realidad, una de las razones principales por las que la mayoría de nosotros necesitamos la corrección del Señor es para evitar que nos tomemos tan en serio.

Dios está con nosotros

Sin embargo, hay una gran diferencia entre Dios castigando a sus hijos y nosotros disciplinando a nuestros propios niños. Como padres, tenemos que dejar ir a nuestros hijos después de muchos años de verlos crecer. Cuando llegan a la adolescencia, precisamos aflojar nuestro control sobre ellos, para finalmente liberarlos por completo confiando en que los años que hemos pasado juntos, solo tal vez, produzcan un carácter firme.

Sin embargo, Dios nunca *nos* deja ir. Él nunca nos libera. Y hablo con autoridad. Mientras escribo esto, tengo ochenta y un años, y sigo experimentando el castigo de Dios. ¡Todavía descubro un pecado en mi vida que no sabía que estaba allí! Me gustaría añadir algo: mi tendencia a tomarme demasiado en serio y a correr delante del Señor son faltas gemelas que mantienen a Dios ocupado en cuidar de mí.

Cuando Dios oculta su rostro, es porque está ciertamente amándonos. En realidad, nunca oculta su rostro solo parece esconderse. Él siempre está con nosotros.

El rechazo de mi familia a partir de 1956 era lo que

necesitaba en ese momento. Este duró mucho tiempo. Mi piadosa abuela fue a su tumba en 1972 —no prediqué en su funeral— todavía totalmente decepcionada conmigo. No obstante, hay un final más feliz con mi padre. En 1978, un año después de haberme convertido en el ministro de la Capilla de Westminster, mi papá cambió de opinión. Mientras el tren entraba en la estación de ferrocarril británica de King's Cross en Londres, me dijo: «Hijo, estoy orgulloso de ti. Tenías razón. Yo estaba equivocado». Esperé mucho tiempo —veintidós años— para escuchar esas palabras. Sin embargo, valió la pena esperar.

CAPÍTULO 3

Entre los tiempos

Aguarda a Jehová; esfuérzate, y
aliéntese tu corazón; sí, espera a Jehová.
—SALMO 27:14

Y estando juntos, les mandó que no se fueran
de Jerusalén, sino que esperasen la promesa
del Padre, la cual, les dijo, oísteis de mí.
—HECHOS 1:4

ESPERAR QUE DIOS actúe —esperar que se muestre, se inmiscuya, intervenga, asuma el control o cumpla su promesa— es posiblemente la disciplina más difícil de la vida cristiana. Los mandamientos a *esperar en Dios* —de forma explícita o implícita— emergen una y otra vez en las Escrituras, pero también vienen con una promesa de bendición si en realidad esperamos y no renunciamos:

Los que esperan a Jehová tendrán nuevas fuerzas; levantarán alas como las águilas; correrán, y no se cansarán; caminarán, y no se fatigarán.
—ISAÍAS 40:31

No se avergonzarán los que esperan en mí.
—ISAÍAS 49:23

Desde hace mucho tiempo que nadie ha oído, escuchado ni visto que un Dios que no seas tú obre en favor de los que esperan en ti.

—Isaías 64:4 (pdt)

Usted puede preguntar: «¿Cuánto tiempo debe uno esperar?». Mi respuesta es que tanto como sea necesario para ver por qué Dios nos dijo que esperáramos. Su mandamiento es para nuestro bien. Él no nos pediría que esperáramos si lo que tiene en mente no valiera la pena la espera.

Cuando mi esposa y yo nos mudamos a Inglaterra, nos quedamos impresionados por la manera tan correcta, regular y sin quejarse en que los británicos hacían fila. Los estadounidenses no somos buenos en esto, y tristemente lo mostramos a veces cuando estábamos Inglaterra y nos saltábamos la fila. ¡Esto no ayuda a nuestra reputación!

Una cosa es esperar en una fila durante una hora o dos. Sin embargo, ¿qué tal si Dios nos hace esperar en una fila durante años?

Cuando Louise y yo nos casamos, trabajaba como vendedor. Primero, vendía equipamiento para bebés; luego, seguros de vida; y más tarde, aspiradoras. En mis días vendiendo aspiradoras puerta a puerta —un período que duró casi ocho años— solía acostarme orando y rogándole al Señor: «¿Cuánto tiempo, cuánto tiempo, cuánto tiempo más antes de cumplir la palabra que me diste?». Descansé durante dieciocho meses de mi trabajo de venta de aspiradoras mientras fui pastor de una pequeña iglesia en Carlisle, Ohio, en 1962 y 1963. Pero las cosas no iban bien allí. Sin embargo, mientras me encontraba en Carlisle sentía definitivamente que Dios me había dado esta promesa: «He aquí vienen días, dice Jehová, en que yo confirmaré la buena palabra que he hablado a la casa de Israel y a la casa de Judá» (Jeremías 33:14). Pensaba que «la buena palabra» se refería a las promesas y visiones que recibí en 1955 y 1956. Ciertamente, no se estaban cumpliendo en Carlisle. Regresamos a Fort Lauderdale, Florida, el 1 de enero de 1964, donde volví a vender aspiradoras hasta 1968.

Cuando leía las palabras del salmista: «Tiempo es de actuar, oh Jehová» (Salmo 119:126), pensaba: «¡Sí!». ¡No sé si el salmista *sabía* o *sentía* que era hora de que Dios actuara! Muchas veces he querido decir: «Es hora de que actúes, oh Señor», ¡pero no estoy seguro de haber recibido su orden de orar así!

Esta es sin duda la forma en que me he sentido innumerables veces.

Dos citas oportunas

En el transcurso de los años se me han dado dos declaraciones diferentes que han sido desalentadoras y alentadoras. La primera provino del Dr. Clyde Francisco, mi profesor del Antiguo Testamento en el Seminario Bautista del Sur en Louisville, Kentucky. Él solía decir: «Todos tendemos a pensar que no tenemos suficiente tiempo. La verdad es que Dios nos da a todos el tiempo suficiente». He pensado mucho en eso, sobre todo cuando creo —mientras envejezco— que temo no tener suficiente tiempo para lograr lo que *pensé* que estaba llamado a hacer. Esto me lleva a la segunda cita. La misma proviene de Terry Akrill, un laico piadoso de York, Inglaterra. Él solía decirme: «El tiempo es el dominio de Dios». Esas palabras me hicieron pensar.

Eran coherentes con lo que decía el Dr. Francisco: «Dios nos da a todos el tiempo suficiente». Que el tiempo sea el *dominio de Dios* indica su prerrogativa con respecto a la coordinación de todos los sucesos en al mundo, incluyendo nuestras vidas personales. ¡Esta es una advertencia a fin de no tratar de apresurar a Dios para seguir adelante con nuestros planes!

Una de las cosas más fáciles de hacer en el mundo es adelantarnos al Señor. ¿Es eso un pecado? Ciertamente. Y sin embargo es lo que José y María hicieron. El niño Jesús, de doce años, había estado con sus padres en Jerusalén. Cuando José y María se dirigían de regreso a Galilea, asumieron que Jesús iba con ellos. No era así. Sin que lo supieran, Jesús se quedó en Jerusalén. «Y pensando que estaba entre la compañía, anduvieron camino de un día» (Lucas 2:44). Elaboro esta historia en mi libro *The Sensitivity of the Spirit* [La sensibilidad del Espíritu]. Voy a decirle ahora mismo que oro todos los días —y lo he hecho por un buen tiempo— que Dios de alguna manera evite que corra delante de Él. He hecho esto demasiadas veces.

El gran error para muchos de nosotros —ciertamente para mí— es *tratar de hacer que las cosas sucedan*. Lo hacemos en parte corriendo delante del Señor. Creo que eso es lo que Abraham y Sara hicieron cuando decidieron que él debía dormir con Agar, la sierva de Sara (Génesis 16:2–4). Ellos no tenían hijos. Y estaban tratando de hacer que se cumpliera la promesa que Dios le había hecho a Abraham: que su descendencia sería como las estrellas de los cielos. Esto fue cuando él tenía setenta y cinco años y Sara sesenta y cinco. Pasaron años después de eso sin que Sara quedara embarazada. Ella había perdido la esperanza y sugirió que

Abraham durmiera con Agar. Él lo hizo. Aunque fue una parte del plan soberano de Dios, el hecho de que Agar diera a luz a Ismael les ocasionó gran dolor a Abraham y Sara. Y al mundo entero.

¡Qué maravilloso es que «todas las cosas les ayudan a bien» a los que «conforme a su propósito son llamados»! (Romanos 8:28). El hecho de que todas las cosas ayuden a bien no significa que todo lo que hicimos ocurrió en el momento justo. Cuando me fui de casa en 1956 y comencé a trabajar como vendedor, me quedé profundamente endeudado. Yo era un tonto. Compré un equipo estéreo caro. ¡Incluso compré un aeroplano (un Cessna 120)! Compré un auto, un Edsel nuevo. Estaba demasiado endeudado para tener un ministerio cristiano a tiempo completo. Endeudarse así no fue bueno. Sin embargo, esos años como vendedor me enseñaron a manejar el dinero. (No le he debido dinero a nadie desde 1962.) Aprendí a trabajar con la gente. Aprendí a ser un hombre de negocios. Aprendí que esperar en Dios tiene una gran recompensa. Esos años no fueron en vano. Todas las cosas me ayudaron para bien.

Y así es con usted. ¿Está esperando que Dios actúe? Seguramente alguna vez ha clamado: «¿Cuánto tiempo?». Anímese. Él se mostrará…nunca demasiado tarde, nunca demasiado temprano, sino siempre a tiempo.

La mayor parte de la vida, en realidad, es «entre los tiempos», para usar una frase que aprendí de Richard Bewes. Richard dice que la mayor parte de la vida transcurre en el retraso, «entre los tiempos de espera». Tenemos tiempos de logros, sí; pero esos no son los tiempos que forman de manera definitiva el carácter. «Es lo que usted y yo hacemos durante los períodos "intermedios" lo que determina cómo vamos a resultar».

«Los tiempos»

¿Qué son exactamente «los tiempos»? Los periódicos más famosos del mundo son *The Times* (Londres) y *The New York Times*. Sin embargo, con «los tiempos» en este capítulo quiero referirme a cuando la presencia de Dios se manifiesta de una manera definida e inolvidable: el diluvio en los días de Noé, el juramento de una promesa a Abraham, la Pascua y el cruce de los hijos de Israel a través del mar Rojo por tierra firme, la entrega de los Diez Mandamientos, el cruce de Israel del Jordán hacia Canaán, los días de Samuel, la muerte de Goliat a manos de David, la confrontación de Elías con los profetas de Baal en el Monte Carmelo, la muerte y resurrección de Jesús y Pentecostés. En la historia de la Iglesia tenemos el establecimiento del Credo Niceno (325), la influencia de Atanasio (c. 296–373), los escritos de Agustín (354–430), el establecimiento del Credo de Calcedonia (451), la influencia de Martín Lutero (1483–1546) y Juan Calvino (1509–1564) que llevó a la Reforma en el siglo dieciséis, el Gran Despertar (1730–1750), el Avivamiento de Cane Ridge (1801), el Avivamiento de Gales (1904–1905), el Avivamiento de la Calle Azusa (1906), y la Bendición de Toronto (1994). Entre estos acontecimientos principales hubo por supuesto cientos de otros sucesos espectaculares que podrían calificar como «los tiempos». No obstante, hablando de manera general, la mayor parte de la historia de la Iglesia —la mayor parte de la vida— tiene lugar entre los tiempos.

¿Está *usted* viviendo entre los tiempos? Podría predecir que sí. ¿Está esperando la siguiente cosa importante que suceda en la iglesia y en su vida? ¡Yo también!

Esperar, adorar, velar

¿Qué hace usted entre los tiempos? ¿Qué hace cuando parece que nada sucede? La vida puede ser aburrida. Usted siente que no está logrando nada. Trabaja duro, pero sin satisfacción aparente. Ora, pero no siente nada. Hace todo lo que sabe hacer para obedecer y agradar al Señor, pero siente que absolutamente nada resulta de esto. Busca el rostro de Dios; Él se oculta. Se siente traicionado por aquel en quien confió y al que intenta agradar.

¿Así que usted renuncia? ¿Deja de orar? ¿Se enfada? ¿Levanta su puño hacia Dios? ¿Se jubila? ¿Toma vacaciones? ¿Hace algo que muestra su frustración o su dolor? Durante el período de cuarenta días que siguió a la resurrección de Jesús, cuando Él se presentaría y luego desaparecería, Pedro pudo haberse sentido muy frustrado cuando de repente dijo: «Voy a pescar» (Juan 21:3). Ya fuera que Pedro y los discípulos que se unieron a él estuvieran haciendo bien o mal, Jesús pronto se les apareció de nuevo (vv. 4–22). ¿Estaba Pedro haciendo bien o mal al decidir ir a pescar? Eso no importa. El Señor se apareció... ¡y todas las cosas ayudaron para bien!

Dado que la mayor parte de la vida transcurre entre los tiempos, en realidad necesitamos saber qué hacer cuando nada de importancia parece estar sucediendo. Han transcurrido más de sesenta años desde que comencé a predicar. Incluso cuando trabajaba como vendedor, pagué por estar en la radio, comencé un pequeño periódico llamado *Redeemer's Witness* [Testigo del Redentor] (que llegó solo a un puñado de gente) y prediqué en algún lugar la mayoría de los domingos. No obstante, esos días fueron definitivamente «entre los tiempos». Si usted se encuentra entre los tiempos mientras lee estas líneas, le sugiero esperar, adorar y velar.

Espere

Su disposición a esperar es en parte lo que demuestra que ama a Dios de una forma real y verdadera. Puedo probarlo. Usted recordará que al principio de este capítulo cité Isaías 64:4, el cual se refiere a los que esperan en Dios. Sin embargo, en 1 Corintios 2:9, Pablo cita este pasaje de Isaías, pero con una interesante diferencia: «Cosas que ojo no vio, ni oído oyó, ni han subido en corazón de hombre, son las que Dios ha preparado para los que le *aman*» (énfasis añadido). Pablo cambió la palabra «esperar» por «amar», lo que demuestra que el amor a Dios se demuestra al esperarlo. Hay dos clases de espera. Primero, usted puede esperar cualquier cosa, pero no sabe lo que está esperando. Solo continúa haciéndolo. La espera podría seguir y seguir y seguir. No tiene ninguna promesa a la que aferrarse. No ha establecido ninguna meta para usted. La vida prosigue. Es posible que no tenga nada que esperar.

Esto no es bueno, porque todos necesitamos algo que esperar. Necesitamos una razón para vivir. Incluso si no tiene una expectativa final en el futuro, necesita poder mirar con esperanza *el tiempo con Dios* cada día. Sus misericordias «nuevas son cada mañana; grande es [su] fidelidad» (Lamentaciones 3:23).

Quiero que este libro le ofrezca una esperanza renovada. Olvídese de las metas futuras por el momento. Considere este mismo día. Sí. Ahora mismo. Oro que usted pueda tener una relación con Dios por medio de la cual sepa cuán real es su presencia. Lo que Dios ha hecho por otros, lo hará por usted. Él no hace acepción de personas. He aquí una palabra para usted que puede dar por segura: «Me buscarán y me encontrarán cuando me busquen de todo corazón» (Jeremías 29:13, NVI). ¡Eso le dará algo por lo que vivir!

Lo garantizo: Dios es fiel. Él se manifestará en su vida de una manera indudable. Es posible que lo haga experimentar un poco de frustración, incluso de sufrimiento, para probarlo. Recuerde que Dios dejó a Ezequías para «probarlo» y dar a conocer lo que estaba en su corazón (2 Crónicas 32:31). ¡Él ha hecho esto conmigo más de una vez! Y lo hará con usted. Sin embargo, tome nota de otro versículo relevante: «Mas el Dios de toda gracia, que nos llamó a su gloria eterna en Jesucristo, *después que hayáis padecido un poco de tiempo*, él mismo os perfeccione, afirme, fortalezca y establezca» (1 Pedro 5:10, énfasis añadido). La Nueva Versión Internacional lo expresa de esta manera: después de que hayan sufrido un poco de tiempo, Dios los «restaurará». He descubierto que es así.

¿Qué debe hacer mientras tanto? Solo esperar. Nadie dijo que esperar así sería fácil. Permanecer en una fila —sin importar el largo— no es la primera opción de nadie. Cuando usted va a un restaurante y le dicen que la espera será de una hora, se siente decepcionado, pero espera si no tiene otra buena opción. Estar sentado en la sala de espera de un médico por dos horas no es divertido (es por eso que nos llaman «pacientes»). No fue divertido cuando hace unos años Louise y yo permanecimos sentados en el aeropuerto de Detroit durante diez horas debido a los vuelos cancelados, o cuando ella tuvo que dormir en un catre toda la noche en el aeropuerto de Chicago debido a una llegada tardía a causa del mal tiempo.

He sido lo que algunos llamarían una personalidad tipo A desde hace tanto tiempo como puedo recordar. Por alguna razón, siempre he sido excesivamente impaciente. Odio llegar tarde por cualquier motivo. Odio salirme de la autopista para obtener gasolina y mirar todos los coches que van pasando delante de mí, incluso cuando volveré a la carretera en menos de diez minutos. Odio esperar por cualquier cosa.

Sin embargo, Dios dice que *espere*.

El segundo tipo de espera es cuando usted tiene algo preciso que esperar. Sabe que no tendrá que esperar indefinidamente. Es bueno saber que «el médico lo verá», «usted obtendrá una mesa en el restaurante», y «el vuelo estará definitivamente programado». Así sucede también cuando espera algo que es del Señor y sabe que no ha sido engañado.

Eso es precisamente lo que le sucedió a los discípulos. Jesús les dijo que se quedaran en Jerusalén. «Y estando juntos, les mandó que no se fueran de Jerusalén, sino que esperasen la promesa del Padre» (Hechos 1:4). Ellos tenían la seguridad infalible de que algo de parte de Dios vendría. Cuando usted recibe una palabra como esa de Dios mismo, aférrese a ella. No será engañado.

No obstante, los discípulos no sabían *cuándo* esto ocurriría. Considerando el suceso en retrospectiva, ellos podrían haberse imaginado con antelación que la Fiesta de Pentecostés conmemoraba la entrega de la ley de Moisés.

Parecería razonable que Dios actuara ese día. Sin embargo, al principio no lo sabían.

Solo ciento veinte esperaron (Hechos 1:15). Es posible que más de quinientos seguidores de Jesús lo hayan escuchado decir que esperaran en Jerusalén, porque Pablo dice que más de quinientos vieron a Jesús resucitado (1 Corintios 15:6). Tal vez después de varios días algunos de ellos se cansaron de esperar. Aquellos que en un inicio fueron al aposento alto «perseveraban unánimes en oración» (Hechos 1:14). Pero incluso los ciento veinte dejaron de orar el tiempo suficiente para discutir quién debía reemplazar a Judas Iscariote entre los Doce (vv. 15–26). Si fue algo bueno que ellos consideraran hacer es algo que se ha debatido durante dos mil años.

Lo que sí resultó bueno es que los que esperaron fueron recompensados. En el día de Pentecostés, «de repente vino del cielo un estruendo como de un viento recio que soplaba, el cual llenó toda la casa donde estaban sentados» (Hechos 2:2). Observe que ellos no se encontraban arrodillados. Eso demuestra que la postura no es lo más importante cuando se trata de orar.

Lo principal es esperar. Dios hace el resto. Nosotros no necesitamos hacer que las cosas ocurran. Solo Dios puede hacer suceder las cosas. Una vez le pregunté a Carl F. H. Henry si haría algo diferente si pudiera vivir su vida otra vez. Él hizo una pausa y luego respondió: «Trataría de recordar que solo Dios puede convertir el agua en vino».

Adore

Mientras esperamos, podemos adorar. La manera en que los ciento veinte esperaron y adoraron fue orando. Eso era todo lo que sabían hacer, aunque Jesús no les dijo que oraran. Él les pidió que esperaran. Sin embargo, lo que hicieron mientras tanto fue orar. Usted puede estar seguro de que ellos adoraban, llenos de gratitud, alabanza y expectación. ¡Jesús les había dicho que esperaran la promesa del Padre! Sabían que estaban seguros sin hacer nada más que esperar y adorar.

Por lo que puedo decir, esta es la primera vez que algo así sucedió entre los seguidores de Jesús. Ellos pudieron haber orado antes. Seguramente lo hicieron. No obstante, ¿por qué deberían orar cuando Jesús estaba siempre allí con ellos? Es muy parecido a lo que Él dijo en respuesta a aquellos que se preguntaban por qué los discípulos de Jesús no ayunaban como lo hacían los discípulos de Juan el Bautista. Su respuesta: «¿Acaso pueden estar de luto los invitados del novio mientras él está con ellos? Llegará el día en que se les quitará el novio; entonces sí ayunarán» (Mateo 9:15, NVI). El novio ahora les había sido quitado. Lucas no nos dice que los ciento veinte ayunaron. Pueden haberlo hecho. Es muy posible que lo hicieran. Dudo que la comida fuera primordial en ese tiempo. Ellos estaban entusiasmados por recibir la Promesa del Espíritu Santo. Así que mientras esperaban, adoraron y oraron.

Los discípulos de Jesús habían recibido muchas enseñanzas con respecto a este tema. En el Sermón del Monte, Jesús les enseñó la Oración del Señor (Mateo 6:9–13). También les mostró esta oración de nuevo en un lugar diferente, probablemente en o cerca del Monte de los Olivos (Lucas 11:2–4). Les narró la parábola de la viuda persistente, la cual trata de la necesidad de orar siempre, sin desmayar (Lucas 18:1–8). Él señaló en el Sermón del Monte: «Pedid, y se os dará; buscad, y hallaréis; llamad, y se os abrirá. Porque todo aquel que pide, recibe; y el que busca, halla; y al que llama, se le abrirá» (Mateo 7:7–8). Esto constituye una lección sobre la oración perseverante.

Los diez días entre la ascensión de Jesús y Pentecostés les dieron la oportunidad de poner las enseñanzas de Jesús en práctica. Ahora estaban solos; no lo tenían a Él para entrenarlos, corregirlos o decirles: «Bien, eso está bien, sigan así». Así que solo oraban constantemente. En realidad, todos «en un mismo espíritu, se dedicaban a la oración» (Hechos 1:14, NVI). ¿Cómo se supone que lo hicieron? ¿Una persona a la vez? ¿Se sentaron en un círculo con una persona orando después de otra? ¿O podría ser que todos oraran en voz alta simultáneamente durante esos diez días (excepto cuando eligieron al que debía reemplazar a Judas)? ¿Quién lo sabe con seguridad? No obstante, si tuviera que adivinar, yo diría que todos oraron en voz alta simultáneamente, no escuchando en particular a la gente más cercana a ellos, sino intercediendo con seriedad vocal.

Eso es lo que parece haber ocurrido cuando oraron un poco más tarde, como se informó en Hechos 4:24, donde se indica que «alzaron unánimes la voz en oración a Dios» (NVI). El tipo de oración que hicieron los ciento veinte fue ciertamente un acto de adoración. Por supuesto, la adoración también incluye devoción, canto, alabanza y acción de gracias. No hay manera de conocer el contenido de las oraciones de los ciento veinte, pero dado el esbozo y el orden de la Oración del Señor —que está centrada en Dios y comienza con adoración, alabanza y devoción— elijo creer que los ciento veinte estaban adorando por completo a Dios con alabanzas y peticiones durante esos diez días. Ellos pueden o no haber ayunado. Seguramente encontraron maneras de dormir por la noche, ya sea que lo hicieran en el aposento alto o se fueran a sus hogares. Tuvieron que ir al baño. Tuvieron que beber agua. Probablemente comieron. No obstante, el enfoque fue la adoración.

He escrito un libro entero sobre la adoración, basado en Filipenses 3:3: «Adoramos a Dios por medio de su Espíritu» (PDT). No hay certeza de hasta qué punto los ciento veinte podían adorar «por medio» del Espíritu. Ciertamente, aún ellos no habían sido llenos del Espíritu, pero todos tenían una medida de Él o no hubieran sido seguidores de Jesús, quien enseñó que nadie podía llegar a Él, excepto por iniciativa del Padre, lo cual significaba el Espíritu (Juan 6:44, 65). Jesús «sopló» sobre los Once y dijo: «Recibid el Espíritu Santo» (Juan 20:22). Sospecho que a los Once se les dio una cierta medida del Espíritu en ese momento.

Mientras esperamos, podemos adorar. Sí. Lo mejor que usted y yo podemos hacer mientras esperamos que Dios actúe es adorar. Esto se hace mediante la oración, la alabanza, el canto, la acción de gracias y la lectura de la Biblia. Cuando usted cree en su corazón que la Sagrada Escritura ha sido inspirada por el Espíritu Santo —esta no solo contiene la palabra de Dios, sino que *es* la palabra de Dios— y buscas conocer su voluntad leyendo la Biblia, eso es adoración.

Creo que usted debería leer buenos libros. Puede aprender y Dios puede hablarle a través de ellos. Sin embargo, solo la Biblia es infalible. Usted adora a Dios cuando lee la Biblia sabiendo que Dios la escribió (2 Timoteo 3:15; 2 Pedro 1:21) y que por lo tanto es infalible.

Si los ciento veinte tuvieron acceso a algunos manuscritos

del Antiguo Testamento o tenían algunos pergaminos con ellos en el aposento alto, ¿quién pudiera saberlo? Sin embargo, al menos Pedro conocía el Antiguo Testamento muy bien, lo cual se deduce de su sermón el día de Pentecostés (Hechos 2:14–36). Es probable que todos los ciento veinte estuvieran bastante empapados de la Escritura, o no habrían dado testimonio de Jesús como lo hicieron. En cualquier caso, adoramos a Dios al leer la Escritura, creyendo que es su palabra.

¿Está esperando a que Dios se muestre? ¿No le gustaría que lo encontraran orando, alabando y buscando a Dios y leyendo la Biblia en el mismo momento en que Él derramara su Espíritu sobre usted? Entonces puede identificarse con Isaías: «He aquí, *éste es nuestro Dios*, le hemos esperado» (Isaías 25:9, énfasis añadido). Jesús nos dijo: «Dichosos aquellos siervos a quienes el señor, al venir, halle velando; en verdad os digo que se ceñirá para servir, y los sentará a la mesa, y acercándose, *les servirá*» (Lucas 12:37, LBLA, énfasis añadido).

La recompensa por esperar a Dios —y estar listo cuando Él se manifiesta— es que Jesús nos servirá.

Vele

Usted acaba de leer: «Dichosos aquellos siervos a quienes el señor, al venir, halle velando». Esta es una palabra que Jesús usó para referirse a cuando estamos esperando que Él se presente en cualquier momento, incluyendo aguardando su segunda venida: «Pero de aquel día y de la hora nadie sabe, ni aun los ángeles que están en el cielo, ni el Hijo, sino el Padre. Mirad, velad y orad; porque no sabéis cuándo será el tiempo [...] Velad, pues [...] para que cuando venga de repente, no os halle durmiendo. Y lo que a vosotros digo, a todos lo digo: Velad» (Marcos 13:32–37).

El versículo que cité arriba de Lucas 12 con respecto a «velar» proviene de un pasaje paralelo que no se refiere solo a la Segunda Venida, sino también a estar vigilantes y escuchando en espera del golpe en la puerta. Esta es una advertencia general para todos nosotros a fin de que estemos listos para cuando el Señor se aparezca en cualquier momento: «Manténganse listos, con la ropa bien ajustada y la luz encendida. Pórtense como siervos que esperan a que regrese su señor de un banquete de bodas, para abrirle la puerta tan pronto como él llegue y toque» (Lucas 12:35–36, NVI). En mi libro *Prepare Your Heart for the Midnight Cry* [Prepare su corazón para el llanto de medianoche], hablo de una mujer nigeriana llamada Grace. ¡Ella solía decir: «Quiero estar cerca de la puerta», no demasiado lejos para poder escuchar el golpe!

Lucas 12:35 y los versículos siguientes, por lo tanto, también se refieren a escuchar. Usted escucha esperando el golpe. A la iglesia de Laodicea —una iglesia tibia, presumida y rica— Jesús le dijo: «He aquí, yo estoy a la puerta y llamo; si alguno oye mi voz y abre la puerta, entraré a él, y cenaré con él, y él conmigo» (Apocalipsis 3:20). ¿Ha estado tibio en lo que respecta a su devoción a Cristo?

¿No es ni caliente ni frío? ¿Se da cuenta de que Jesús preferiría que fuera caliente o frío? Si usted es tibio, Él le hace esta promesa triste: lo vomitará de su boca (Apocalipsis 3:15–16). He aquí seis señales seguras que le permitirán saber que usted no es ni caliente ni frío:

- No lee su Biblia diariamente, sino más bien de vez en cuando.

- Ora solamente cuando tiene una necesidad; la idea de esperar delante de Él diariamente en oración y adoración no es algo que lo atraiga.

- Se queja cuando llega una prueba en lugar de tratar de enfrentarla con pura alegría.

- Alberga rencor en contra de un enemigo en vez de orar por él.

- No está viviendo con la esperanza de que Dios le manifestará su presencia.

- Considera su prosperidad como una señal de que Dios se encuentra a su lado y está complacido con usted.

Puede contar con esto, querido lector: lo lamento, pero el Señor Jesucristo a la larga lo vomitará de su boca. Entonces será demasiado tarde. Jesús narró esta parábola:

> La heredad de un hombre rico había producido mucho. Y él pensaba dentro de sí, diciendo: ¿Qué haré, porque no tengo dónde guardar mis frutos?
> Y dijo: Esto haré: derribaré mis graneros, y los edificaré mayores, y allí guardaré todos mis frutos y mis bienes; y diré a mi alma: Alma, muchos bienes tienes guardados para muchos años; repósate, come, bebe, regocíjate.
> Pero Dios le dijo: Necio, esta noche vienen a pedirte tu alma; y lo que has provisto, ¿de quién será?
> —Lucas 12:16–20

No deje que eso le suceda. ¡Asegúrese de que no es tibio! ¡Que Dios encienda un fuego debajo de usted mientras lee este libro que lo haga arder de puro entusiasmo por Él!

Mientras esperemos, velemos y escuchemos. Antes de que podamos abrir la puerta en la que Jesús toca, debemos *escuchar* su voz. Entonces podemos abrir la puerta.

Esto significa que debemos estar callados. No queremos perdernos el golpe en la puerta. Debemos permanecer quietos. Él puede elegir hablar en voz baja, con un suave susurro. «Estad quietos, y conoced que yo soy Dios» (Salmo 46:10). John Wesley señaló que deberíamos pasar dos horas hablando con Dios por cada hora que pasamos hablando los unos con los otros. El pastor Richard Wurmbrand me dijo hace casi cincuenta años: «Joven, pase más tiempo hablando con Dios acerca de los hombres que hablando con los hombres acerca de Dios».

¿Cuánto usted ora?

Debemos esperar, adorar y velar. Debemos estar quietos y permanecer callados. No queremos perdernos el sonido de su voz. Sin embargo, esto no significa que no podamos caminar y orar. No significa que no podamos correr y orar. Yo trato de recorrer al menos una milla al día en la cinta de caminar. A veces paso este tiempo viendo televisión, pero otras veces lo paso orando.

Jesús nos dijo «velad y orad» (Mateo 26:41). No indicó orad y velad. ¿Por qué usó este orden? Si oramos y luego velamos, tal vez sin querer permitiríamos una fisura por la que el diablo podría entrar. Hay personas que me han dicho: «Oré al respecto, y lo siguiente que supe fue que cedí a la tentación». Es por eso que Jesús dijo que *veláramos y oráramos*. Velar lo mantendrá sobre sus pies. Si tiene un compromiso previo, no hace provisión para la carne, y es menos probable que ceda a la tentación. «Vestíos del Señor Jesucristo, y no proveáis para los deseos de la carne» (Romanos 13:14). La mejor manera de evitar caer en el pecado es evitar caer en la tentación. La mayoría de nosotros tenemos una idea de qué —o quién— puede tentarnos. ¡No vaya allí! No se acerque al lugar, la persona o la situación que sabe en el fondo de su corazón que lo seducirá. Ya sea con referencia al sexo, el dinero o cualquier otra cosa, evite ir a donde es probable que se sienta tentado. Es por eso que Jesús dijo: «Velad y orad, para que no entréis en tentación; el espíritu a la verdad está dispuesto, pero la carne es débil» (Mateo 26:41).

¡La recompensa por velar es que algún día será capaz de *ver al Señor llegar* y asumir el control! Sí. Después del estruendo como de un viento recio que soplaba experimentaron el privilegio de observar: «*Vieron* algo parecido a llamas de fuego que se separaron y se colocaron sobre cada uno de los que estaban allí» (Hechos 2:3, PDT). ¡Qué visión era esa! ¡Ellos no se encontraban orando, estaban vigilando! La expectativa significa velar, o buscar algo; la manifestación del Espíritu significa ver.

Mientras esperamos, velamos. La recompensa por velar es llegar a ver a Dios obrando a nuestro favor. Cuando eso sucede, uno llega a ser un espectador.

¿Está usted buscando un cristianismo que lo mantenga entusiasmado, emocionado, cautivado y alegre las veinticuatro horas del día, los siete días de la semana, los trescientos sesenta y cinco días al año? ¡Dígame cuando lo encuentre! Y si piensa que lo ha encontrado, qué pena, pero usted no ha encontrado el cristianismo bíblico. Elizabeth Taylor se casó con siete hombres diferentes, siempre buscando al marido perfecto que la mantuviera satisfecha y feliz. Martín Lutero dijo que Dios usa el sexo para conducir a una persona al matrimonio, la ambición para conducirla al servicio, y el temor para llevarla a la fe. No obstante, el amor físico que hace que la gente quiera casarse debe hacer lugar para el amor *ágape*, el amor desinteresado. Es el amor ágape lo que sostendrá un matrimonio.

Tenemos dos nietos: Toby y Timothy. Ambos quieren entretenerse constantemente, así que uno tiene que mantenerlos ocupados o se aburren y vienen llorando para encontrar algo que los mantenga entusiasmados. Esto, por supuesto, tendrá que cambiar a medida que maduren. Sin embargo, temo que muchos cristianos son como los niños: quieren un cristianismo que los mantenga felices todo el tiempo. Una parte vital de la madurez cristiana es aprender a vivir entre los tiempos. Muchos de nosotros oramos: «Señor, dame paciencia... ¡ahora!».

Hebreos 11 —el «capítulo de la fe» de la Biblia— es un recuento de las personas que lograron cosas extraordinarias. Hebreos 11 no trata de lo que sucedió entre los tiempos, sino más bien de los tiempos de logros sorprendentes. Léalo. Luego, considere cuántos años pasaron entre las hazañas y logros de esas grandes personas. Los dos hombres más grandes del Antiguo Testamento fueron Abraham y Moisés. Cuando Abraham tenía setenta y cinco años, el Señor le dijo: «Vete de tu tierra y de tu parentela, y de la casa de tu padre, a la tierra que te mostraré» (Génesis 12:1). A él se le prometió Canaán como herencia, pero Dios «no le dio herencia alguna en ella, ni siquiera dónde plantar el pie» (Hechos 7:5, NVI). ¡Imagínese eso! A la edad de ochenta y cinco años ya había renunciado prácticamente a tener un heredero. Él vivió hasta la edad de ciento setenta y cinco años. El punto máximo de su vida fue cuando Dios le hizo un juramento, tal vez alrededor de los ciento diez años de edad, cuando estuvo dispuesto a sacrificar a Isaac (Génesis 22:16). La mayoría de los años de Abraham se caracterizaron por la espera, el desafío, el desconcierto y el sufrimiento.

Moisés vivió hasta los ciento veinte años. Pensó que Dios lo usaría cuando tenía cuarenta años de edad, pero Él realmente no lo hizo hasta que cumplió los ochenta. Los siguientes cuarenta años estuvieron llenos de dolor y agonía, siendo interrogado con respecto a su sabiduría prácticamente todo el tiempo e incomprendido día y noche por sus seguidores, los hijos de Israel. Sí, hubo momentos en los que Dios manifestó su gloria: la instauración de la Pascua, el cruce del mar Rojo por tierra firme, la entrega de los Diez Mandamientos, y la columna de fuego y de nube. No obstante, la mayor parte de la vida de Moisés se vio consumida por el enfrentamiento con la extraordinaria incredulidad de su pueblo.

Todos amamos los tiempos en los que Dios se manifiesta claramente, como cuando nos hace un juramento o nos permite, por así decirlo, cruzar el mar Rojo por tierra firme.

Sí, la mayor parte de la vida transcurre entre los tiempos. Y sin embargo, es la expectativa de la presencia consciente del Señor lo que nos mantiene avanzando. En realidad, esa expectativa es lo que nos capacita para esperar.

Cuando Jesús les dio instrucciones a los discípulos de que esperaran —y se quedaran en Jerusalén (Lucas 24:49, Hechos 1:4)— esa espera tuvo lugar entre los tiempos. No obstante, en su caso no tuvieron que esperar mucho tiempo, solo diez días. ¿Qué tal si Dios hace que usted espere por diez años?

Es entre los tiempos que tenemos el privilegio de saber que estamos agradando a Dios. Estamos haciendo lo que se nos pide hacer. Y es ahí cuando el carácter nace y se desarrolla.

CAPÍTULO 4

El impulso santo

Cuando hubo cumplido la edad de
cuarenta años, le vino al corazón el
visitar a sus hermanos, los hijos de Israel.
—Hechos 7:23

Haz todo lo que tienes en tu corazón.
—1 Samuel 14:7

ESTA FUE UNA noche impresionante y un momento clave
para la Capilla Westminster y mi propio ministerio.
Arthur Blessitt, el hombre que ha llevado una cruz de doce
pies (3,65 metros) alrededor del mundo y fue incluido en
el *Libro Guinness de los Récords Mundiales* por la caminata
más larga de la historia (41,879 millas o 67,397 kilómetros),
vino a predicar un sermón histórico: «¿Por qué necesitamos
la cruz?». El lugar estaba lleno de arriba a abajo (ambas ga-
lerías se encontraban ocupadas), con gente de pie a lo largo
de las paredes. Después de predicar poco más de una hora,
Arthur hizo una invitación para que las personas confesaran
a Jesucristo como Señor y Salvador. Decenas se levantaron.
Nadie esperaba esto. La ocasión no fue un evento de evan-
gelismo, sino la reunión anual de la Comunidad de Iglesias
Evangélicas Independientes (FIEC, por sus siglas en inglés).

En la sacristía, momentos antes de pronunciar el sermón, Arthur se refirió de forma casual a la invitación que haría al final de su sermón. Yo no estaba preparado para esto.

—Arthur, aquí no hacemos eso.

—¿No lo hacen? —preguntó incrédulo.

Vi la mirada en su cara y dije:

—Bueno, si te sientes guiado, adelante.

—Puedo asegurarte ahora mismo que lo haré —contestó.

Fue una noche extraordinaria. Aparte del sorprendente número de personas que confesaron a Cristo, el lugar estaba resonando con el mensaje de Arthur. Incluso algunos de aquellos que podría haber esperado que se mostraran formales y negativos estaban diciendo cosas positivas.

Tuve que salir al día siguiente para una breve visita a España. Sin embargo, durante esos tres días solo pude pensar en una cosa. Nunca en mi vida había sentido un fuego en mis huesos como ese. Es lo que yo llamaría un impulso santo, una frase que tomé de mi viejo amigo Pete Cantrell.

Un impulso puede venir de fuera, como cuando nos dan un gentil empujoncito con el codo, o desde adentro, cuando un sentido del deber viene a su corazón. Un impulso santo se caracteriza por un sentido del deber. Sentí que debía hacer todo lo posible a fin de persuadir a Arthur para que se quedara en Londres un tiempo y trabajara con nosotros en la Capilla de Westminster. Él había programado predicar para nosotros una vez más, la noche del último domingo de abril de 1982. Antes del servicio esa noche le comenté mi carga en cuanto a que él debía permanecer en la capilla por un tiempo antes de ir a su próximo destino (que según resultó fue Noruega).

Él tenía una petición: «Si acepto quedarme, ¿puedo ser

yo mismo o vas a refrenarme?». Le aseguré que podía hacer
lo que quisiera. Él aceptó quedarse. Predicó seis domingos
consecutivos por las noches, concluyendo a finales de mayo.
Su ministerio cambió a la capilla y a mí. Nunca más se-
ríamos iguales. Esta fue la decisión más controvertida que
tomé en nuestros veinticinco años en la Capilla de Westminster. Vea mi libro *In Pursuit of His Glory* [En búsqueda
de su gloria] para más detalles.

Paz

Estar en la presencia del Señor puede conducir a un impulso santo de parte de Él, a una sensación de que debes
hacer algo. Sin embargo, ¿un «impulso» siempre es santo?
No. Durante muchos años he compartido un método que
nos ayuda a saber si nuestro «impulso» es santo, si proviene
verdaderamente de Dios. Hágase las siguientes cinco preguntas. Usted debe ser capaz de responder de manera afir-
mativa a las cinco para estar seguro de que no está yendo
por mal camino:

- *Providencial.* ¿La puerta se abre o usted tiene
  que derribarla? Cuando Arthur dijo que sí,
  eso hizo que el asunto fuera providencial.
  Hasta el momento, todo bien.

- *Enemigo.* ¿Qué se supone que el diablo haría?
  El diablo querría que cediera ante el temor
  humano y no le pidiera a Arthur que pasara
  seis semanas con nosotros.

- *Autoridad.* ¿Qué dice la Biblia? ¿Hay algo en la Escritura que prohíba lo que usted siente? Respuesta: No. ¿Es bíblico? Sí.

- *Confianza.* ¿Aumenta o disminuye su confianza la idea de hacer esto? Esta pregunta es muy importante, porque cuando se pierde la confianza, algo ha salido mal. Nunca había sentido tanta audacia para proceder e invitar a Arthur a quedarse con nosotros.

- *Tranquilidad.* ¿Qué *siente honestamente* en el fondo de su corazón? Aquí es donde debe gobernar la integridad. Para citar a *Hamlet* de Shakespeare: «Sea sincero con usted mismo». Yo sabía que nunca podría vivir en paz conmigo mismo si no hacía todo lo posible a fin de persuadir a Arthur de modo que predicara para nosotros por aquellas seis semanas.

Junto con seguir el consejo de mi amigo Josif Tson de que «los perdone totalmente» —un momento que yace detrás de mi libro *Total Forgiveness* [Perdón total]— invitar a Arthur fue la mejor decisión que tomé durante esos veinticinco años en la Capilla de Westminster.

Paz. Pablo nos dijo que nos esforzáramos por promover la paz (Romanos 14:19). Dios nunca nos llevará a hacer lo que nos haga perder nuestra paz interior.

En este capítulo analizaremos uno de los temas más precarios y delicados, pero importantes, que deben examinarse cuando se trata de interpretar la presencia del Señor: la cuestión de la *dirección*.

«¿Cómo puedo conocer la voluntad del Señor?» es una de las preguntas más frecuentes que me he hecho en mis más de sesenta años de ministerio. Hemos escuchado decir muchas veces: «Dios me llevó a hacer esto», «El Espíritu Santo me indicó que dijera esto» o «Dios me ha dado una palabra para usted».

Un buen número de veces he sentido un innegable «impulso santo» que resultó ser del Señor. Sin embargo, también ha habido momentos en los que he sentido un fuerte impulso a hacer algo que demostró provenir de la carne, no del Espíritu Santo.

Nuestro corazón puede sentir la impresión de hacer algo, ¿pero significa esto que es de Dios? Después de todo, no hay nada tan engañoso y perverso como el corazón (Jeremías 17:9).

¿Cómo podemos confiar en lo que viene a nuestros corazones?

Fuentes de origen de un impulso

Un impulso puede tener tres orígenes: la carne, el diablo y el Espíritu Santo. ¡Cómo conocer la diferencia es la gran pregunta! Toda mi vida he tratado de saber cuándo se trata del Espíritu Santo; cuándo soy solo *yo* sintiendo algo, la carne; y cuándo Satanás me da una impresión.

Entre las peticiones diarias de mi lista de oración está: «Señor, ayúdame a percibir rápidamente lo que es de la carne, el diablo, y el Espíritu Santo, y a aceptar solo lo que el Espíritu ordena». Ahora bien, el hecho de que ore esto todas las mañanas no garantiza que seré guiado por el Espíritu Santo todo el día.

Esta es otra razón por la que debemos *velar y orar* —en ese orden— cuando se trata de buscar dirección.

En otras palabras, debemos tener un buen conocimiento de la Biblia, un sólido fundamento teológico y una auténtica actitud receptiva ante el testimonio inmediato y directo del Espíritu Santo. Eso nos ayudará a «velar». ¡Debemos mantener nuestra cabeza muy bien puesta en su lugar!

«Siempre te encontrarás con gente rara», dice con frecuencia un buen amigo mío. Hay muchos ingenuos por ahí, personas bien intencionadas que creen tener una línea directa al Dios todopoderoso. Si hubiera tomado en serio todas las «palabras de conocimiento» o «palabras proféticas» que me han dado a lo largo de los años, estaría loco ahora.

Iré más lejos aún. Conozco a casi todas las personas preeminentes que tienen fama de ser proféticas; algunas están vivas, mientras que otras están con el Señor. Ellas me han profetizado mucho. Puedo decirle que las mejores a veces se equivocan. Y en ocasiones lo hacen gravemente.

Usted podrá recordar que una de las razones por las que Dios nos oculta su rostro es para impedirnos desarrollar una familiaridad excesiva con él. Esto es una cosa fácil de hacer, especialmente cuando nos ha usado. Empezamos a imaginar que tenemos una relación «especial» con Dios. Tal cosa me sucedió en cierta ocasión que sentí una fuerte unción al predicar. Empecé a imaginar que había «triunfado» y que tendría tal unción de ahora en adelante. Incorrecto. La próxima vez que prediqué lo hice tan mal que resultó totalmente vergonzoso.

Dios sabe lo que necesitamos. Él oculta su rostro en parte para evitar que nos sintamos excesivamente espirituales. Uno de los versículos más intrigantes es: «No seas demasiado justo, ni seas sabio con exceso; ¿por qué habrás de destruirte?» (Eclesiastés 7:16). Tenga en cuenta esto: cuando empezamos a sentir que somos uno de los favoritos de Dios, Él nos mostrará cuánto *realmente* nos ama al reducirnos a nada.

¿Alguna vez se ha sentido en exceso justo? ¿Alguna vez se ha tomado a sí mismo demasiado en serio? ¿Ha pensado que era inusualmente piadoso o muy espiritual? ¿Ha pensado que ama a Dios más que los que le rodean?

Pedro

Simón Pedro pensó de esa manera. Él estaba absolutamente seguro de que amaba a Jesús más que todos los demás discípulos juntos. Cuando Jesús comenzó a lavar los pies de los discípulos, Pedro pensó que iba a ganarse puntos con el Señor al declarar: «No me lavarás los pies jamás», como si dijera: «Yo te respeto demasiado para permitirte rebajarte ante alguien tan insignificante como yo». No obstante, cuando Jesús contestó: «Si no te lavare, no tendrás parte conmigo», Pedro rápidamente hizo otro intento de impresionarlo: «Señor, no sólo mis pies, sino también las manos y la cabeza» (Juan 13:8–9).

Jesús ignoró esta pretenciosa observación. Él supo todo el tiempo cuál era la intención de Pedro. El discípulo continuó diciendo: «Mi vida pondré por ti» (Juan 13:37). Estoy seguro de que Pedro hablaba en serio. Muchos de nosotros hemos dicho cosas así. En un momento de inspiración cuando la atmósfera está llena de una predicación poderosa, una adoración gloriosa y alabanzas, sumadas a un desafío a seguir al Señor hasta la muerte, caemos sobre nuestras rodillas y levantamos las manos en una entrega total. Sin embargo, más tarde, cuando la hora de la verdad llega, muchos de nosotros demostramos que no somos diferentes a Pedro. Jesús le dijo: «¿Tu vida pondrás por mí? De cierto, de cierto te digo: No cantará el gallo, sin que me hayas negado tres veces» (v. 38). Pedro ciertamente negó al Señor. Fue el peor momento de su vida. Cuando oyó el canto del gallo, «se echó a llorar» (Marcos 14:72, NVI).

Más tarde, durante el período de cuarenta días después de la resurrección de Jesús cuando Él se apareció inesperadamente en la playa, se dirigió a Pedro, preguntándole si lo amaba más que los otros: «¿Me amas más que estos?». Pedro todavía pensaba que sí: «Sí, Señor. Tú sabes que te quiero» (Juan 21:15, NVI). ¡Él seguía con sus pretensiones de superioridad, algo suficiente para que Dios lo descalificara indefinidamente por su poca utilidad! ¡Sin embargo, Dios lo usó poderosamente!

Se podría pensar que Pedro fue curado de su arrogancia después de Pentecostés. Seguramente la venida del Espíritu Santo erradicaría tal error de su corazón. ¡Si hubiera sido así! Años más tarde, Pedro volvió a demostrar cobardía. Él disfrutó de la comunión con los gentiles en Antioquía. Todo bien hasta el momento. No obstante, cuando algunos judíos influyentes vinieron de Jerusalén —después de haber estado con Santiago— Pedro «se retraía y se apartaba, porque tenía miedo de los de la circuncisión» (Gálatas 2:12). Pablo se indignó y reprendió a Pedro delante de todos (v. 14).

¿Alguna vez superamos el sentimiento de superioridad? Lo dudo. Eso es algo como la lengua, que nadie puede domar. «Si alguno no ofende en palabra, éste es varón perfecto, capaz también de refrenar todo el cuerpo» (Santiago 3:2). Sin embargo, nadie es perfecto. ¿Es usted perfecto? «Si decimos que no tenemos pecado, nos engañamos a nosotros mismos, y la verdad no está en nosotros» (1 Juan 1:8).

Esto me parece muy alentador. Si Dios pudo usar a Pedro —y lo hizo de forma poderosa— también puede usarnos a usted y a mí.

Si Dios pudo usar a Elías —y lo hizo de forma poderosa— también puede usarnos a usted y a mí. En el momento más revelador de su vida, Elías se consideraba el único hombre de Dios digno de ser llamado así. «Sólo yo he quedado profeta de Jehová» (1 Reyes 18:22). Incorrecto. Tremendamente equivocado. Solo un día o dos antes, Abdías había tomado a cien profetas y los escondió en dos cuevas (v. 4).

Sí, Dios puede usar a las personas que tienen el complejo de Elías. No obstante, Él también los corregirá, como lo hizo con este profeta de la antigüedad. (Véase 1 Reyes 19:9–18.)

El corazón: sede de la personalidad

Tanto Pedro como Elías se sintieron superiores moralmente en sus *corazones*. La arrogancia es despreciable a los ojos de Dios, pero es lo último que reconocemos en nosotros mismos. Por eso Job fue sometido a su larga prueba. Usted no podría haber convencido a Job de sus sentimientos de superioridad hasta que sus «amigos» lo dejaron exhausto y el veneno que estuvo allí todo el tiempo finalmente empezó a emerger como un géiser.

¿Confía en su corazón? ¿De verdad? ¿No se da cuenta

de que nuestros corazones pueden engañarnos? Es por eso que se nos advierte que no debemos apoyarnos en nuestro propio *entendimiento*. «Confía en el Señor con todo tu corazón, y no te apoyes en tu propio entendimiento» (Proverbios 3:5, LBLA). Sí, debe confiar en el Señor con todo su *corazón*, lo cual significa estar totalmente comprometido y motivado a depender de Él. No obstante, lo que nos motiva también puede engañarnos.

Dios nos deja —como vimos con Ezequías— para probarnos a fin de ver lo que hay en nuestro corazón (2 Crónicas 32:31). Esto no sucedió porque Él estuviera buscando nueva información acerca del corazón de Ezequías, como si ya no lo supiera. Dios nos prueba para que podamos descubrir la maldad de nuestro propio corazón. Él ya conocía lo que estaba en el corazón de Ezequías. ¡No esperaba aprender algo sobre este hombre! Su prueba fue totalmente para el bien de Ezequías. Dios sabe con antelación lo que está en nuestros corazones; más bien Él trata con los seres humanos para que podamos ver la verdad sobre nosotros mismos. Jesús no se fiaba de sus espectadores fascinados, «porque conocía a todos [...] él sabía lo que había en el hombre» (Juan 2:24-25). Por eso Jesús nunca se sintió halagado por la alabanza de la gente, y es por eso también que nunca se desilusiona de nosotros. Como dice Gerald Coates, fundador de Ministries Pioneer [Ministerios Pioneros], Él nunca tuvo ninguna ilusión acerca de nosotros en primer lugar. Nada sorprende a Dios.

¿Se siente impulsado a hacer algo? ¿Piensa que esto proviene de Dios? Puede ser. Sin embargo, ¿qué tal si proviene de la carne, es decir, se trata de su propia idea? ¿O podría ser del diablo? Nunca olvide que Satanás se disfraza como ángel de luz (2 Corintios 11:14).

¿Así que confía en su corazón? ¡Tenga cuidado!

Moisés, el hombre más grande que haya vivido antes de que Jesús viniera, necesitaba tutoría para entender lo que era un impulso de Dios. Él pensó que a los cuarenta años su tiempo había llegado. Sintió un empujón en su corazón por hacer algo.

Esteban nos dice que cuando Moisés tenía cuarenta años de edad, «le vino al corazón el visitar a sus hermanos, los hijos de Israel» (Hechos 7:23). Moisés creció siendo conciente de que era un hebreo.

¿Cómo lo sabía? Por una parte, había sido circuncidado. Se daba cuenta de que era diferente a los otros chicos egipcios. Fue aleccionador para él llegar a enfrentarse con su verdadera identidad. También se sintió profundamente molesto cuando vio la forma en que los egipcios trataban a los hebreos. Él podría haber descartado esto, podría haber reprimido sus sentimientos y no dejar que las cosas lo importunaran. Sin embargo, no fue capaz de ignorar lo que sentía en su corazón. Fue aquí donde la integridad surgió.

Una cosa interesante, pero preocupante, acerca del corazón es que puede ser el vehículo de la integridad o el instrumento del engaño. El corazón es la «sede de la personalidad», dijo el doctor Martyn Lloyd-Jones. «Porque cual es su pensamiento en su corazón, tal es él» (Proverbios 23:7). «Mantén tu corazón en el camino recto» (v. 19, NVI). «Sobre toda cosa guardada, guarda tu corazón; porque de él mana la vida» (Proverbios 4:23). La conciencia —un don divino dado comúnmente a todos— está arraigada en el corazón. Los sentimientos vienen del corazón. La motivación está enraizada en el corazón. La envidia también está arraigada en el corazón. Ciertamente, Jesús dijo que «del corazón salen los malos pensamientos, los homicidios, los adulterios, las fornicaciones, los hurtos, los falsos testimonios, las blasfemias» (Mateo 15:19). Se nos manda a amar a Dios con todo nuestro corazón, alma, mente y fuerzas (Deuteronomio 6:5; Mateo 22:37).

No obstante, ¿hasta dónde confía usted en su corazón? Cuando Proverbios 3:5 dice que no nos apoyemos en nuestro propio entendimiento, se está refiriendo no solo a nuestro conocimiento limitado, sino también al engaño del corazón.

¿Confía en su corazón?

Cuando Proverbios nos dice que «guardemos» el corazón, esto muestra que una parte de nosotros —llamémosla mente o voluntad— puede elevarse por encima del corazón y obtener alguna medida de objetividad con respecto a nosotros mismos. Esa objetividad nunca nos llevará a permitir que nuestros sentimientos constituyan el veredicto final en cuanto a lo que es verdad. Pablo reveló esto con toda vulnerabilidad cuando dijo: «Aunque la conciencia no me remuerde, no por eso quedo absuelto» (1 Corintios 4:4, NVI). *El Señor* es quien nos juzga. Cuando Dios finalmente intervenga, «sacará a la luz lo que está oculto en la oscuridad y pondrá al descubierto las intenciones de cada corazón» (v. 5, NVI).

¡Por eso Pablo dijo que ni siquiera se juzgaba a sí mismo! Nosotros no estamos calificados para dar el veredicto infalible —que solo Dios dará— con respecto a nuestras diversas opiniones.

Jeremías 17:9

Entonces, ¿qué hace usted cuando siente algo en su corazón? ¿Puede confiar en él? La respuesta es que debe scr muy, muy cuidadoso. Es posible que tenga razón. Podría estar equivocado.

Jeremías, un hombre piadoso que se mantuvo firme solo en sus días e incluso fue acusado de traición por sus compañeros judíos, sabía que no debía confiar en su corazón. Considere varias traducciones de Jeremías 17:9:

> Engañoso es el corazón más que todas las cosas, y perverso; ¿quién lo conocerá? (RVR60)

> Nada hay tan engañoso como el corazón. No tiene remedio. ¿Quién puede comprenderlo? (NVI)

> Más engañoso que todo, es el corazón, y sin remedio; ¿quién lo comprenderá? (LBLA)

> El corazón humano es lo más engañoso que hay, y extremadamente perverso. ¿Quién realmente sabe qué tan malo es? (NTV)

¿Cómo sabía Jeremías que había captado la idea bien? Esta no es una pregunta fácil de contestar. Nosotros sabemos que lo logró porque la historia y las Escrituras lo justifican. No obstante, ¿por qué estaba tan dispuesto a permanecer solo en sus días? Por una cosa: Jeremías estaba dispuesto a morir por lo que él había profetizado...y prácticamente lo hizo.

Así que déjeme preguntarle: ¿Estaría dispuesto a morir por un «impulso» que siente? No quiero ser injusto, pero si no fuera así, debería cuestionar si su impulso tiene su origen en el Espíritu Santo.

Moisés

Moisés esperó hasta los cuarenta años antes de avenirse a su verdadera identidad. Así que ya no podía esperar más. Él sintió en su corazón el deseo de visitar a sus hermanos, los hijos de Israel (Hechos 7:23). ¿Dios puso ese impulso allí? Sí. Sin embargo, ¿significa esto que todo lo que Moisés hizo después ocurrió bajo el liderazgo directo del Espíritu Santo? No.

¿Qué pensaba Moisés cuando le vino al corazón el deseo de visitar a su verdadera carne y sangre? ¿Se imaginaba a sí mismo siendo su héroe? ¿Esperaba que ellos se animaran, saltaran arriba y abajo, y le agradecieran a Dios que por fin un libertador hubiera venido a darles la libertad? ¿Habría esperado que dejar el palacio del Faraón y unirse a los hebreos causaría que ambos se inclinaran y adoraran a sus pies? Después de todo, esto no era algo que tenía que hacer; él se encontraba en la cima del mundo: era hijo del Faraón, viviendo en el lujo y la seguridad. Podría haber vivido así para siempre. ¿Tenía la esperanza de demostrar lo magnánimo que era?

He aquí lo que realmente sucedió. Moisés fue un día al lugar donde los israelitas estaban trabajando. El Faraón les amargaba la vida, haciéndolos trabajar como esclavos «con crueldad» (Éxodo 1:14, nvi). Él observó sus cargas y su sufrimiento. Entonces vio a un egipcio maltratar a un hebreo, uno de su pueblo. Moisés miró en todas direcciones, pues no quería ser visto. Y luego mató al egipcio (Éxodo 2:12). Lo hizo en secreto, o eso pensó.

Lo que había venido a su corazón resultó ser un desastre. Visitó a los hebreos al día siguiente. Esta vez vio a dos hebreos discutiendo vehementemente entre sí. Moisés le dijo al hombre que maltrataba al otro: «¿Por qué golpeas a tu prójimo?». La respuesta que recibió fue: «¿Quién te ha puesto a ti por príncipe y juez sobre nosotros? ¿Piensas matarme como mataste al egipcio?» (Éxodo 2:13–14).

¡Ay, no! Moisés estaba tembloroso. Se dio cuenta de que se había descubierto que le había dado muerte al egipcio el día anterior (Éxodo 2:14). No era un escenario con el que contaba. Su mayor temor era que la noticia llegara al palacio. Así fue, lo cual causó que el Faraón se convirtiera en su enemigo. Él nunca podría regresar al palacio de nuevo. Desde ese día, Moisés estuvo huyendo.

Entonces, ¿qué pensaba Moisés cuando sintió en su corazón el deseo de visitar a sus hermanos? Esteban nos dice: Moisés «pensaba que sus hermanos comprendían que Dios les daría libertad por mano suya; mas ellos no lo habían entendido así» (Hechos 7:25). Según lo expresa la Nueva Versión Internacional: «Moisés suponía que sus hermanos reconocerían que Dios iba a liberarlos por medio de él, pero ellos no lo comprendieron así». Él estaba muy seguro de que ellos lo harían.

Todo esto sucedió por un impulso que Moisés sintió. ¿Se trataba de un impulso santo? ¿Actuó de esa forma guiado por el Espíritu? Ciertamente. Aun así, las cosas no resultaron como Moisés había esperado.

El misterio de la providencia

¿Podría haber existido otra razón para que Moisés visitara a su pueblo? Sí. El escritor de Hebreos provee una respuesta: él buscaba su recompensa futura. Lo que vino a su corazón, entonces, fue una motivación que no conocemos a partir del relato en Éxodo. No obstante, el escritor de Hebreos arroja luz sobre el motivo de Moisés: «Por la fe Moisés, ya adulto, renunció a ser llamado hijo de la hija del faraón. Prefirió ser maltratado con el pueblo de Dios a disfrutar de los efímeros placeres del pecado. Consideró que el oprobio por causa del Mesías era una mayor riqueza que los tesoros de Egipto, porque tenía la mirada puesta en la recompensa» (Hebreos 11:24–26, NVI).

Moisés escogió ser gobernado por la integridad. Él estaba dispuesto a perderlo todo… ¡lo cual significaba que no podía perder! Él sabía que vencería, que más adelante nunca se lamentaría.

¿Moisés se precipitó al matar al egipcio? Ciertamente. Sin embargo, el impulso santo para visitar a su pueblo estaba en el fondo de todo lo que sucedería después. No todo lo que hizo fue santo. Pero parte del misterio de la providencia de Dios reside en que lo que Él *permitió* fue su manera de dirigir a Moisés a un tiempo de preparación que necesitaría. Ya había sido instruido en la sabiduría de los egipcios y era poderoso en palabras y obras (Hechos 7:22). Así que en el nivel natural, puede haber estado listo para dirigir a los israelitas. No obstante, necesitaría más que la sabiduría de los egipcios y ser bueno con sus palabras y obras. Precisaba de una preparación espiritual. Necesitaba estar inscrito en la Universidad del Espíritu Santo. El plan de estudios consistía en cuarenta años de un tipo diferente de aprendizaje.

William Cowper, el compositor de himnos del siglo dieciocho, expresó muy bien las formas misteriosas de Dios en un cántico titulado «God Moves in a Mysterious Way» [Dios se mueve de una manera misteriosa].

Dios se mueve de una manera misteriosa
para realizar sus maravillas;
planta sus huellas en el mar
y cabalga sobre la tormenta.
Profundamente en minas insondables
De una habilidad que nunca falla
Él atesora sus brillantes designios
Y obra su voluntad soberana.

Jonatán

Otro ejemplo de un impulso santo en acción tuvo lugar cuando Jonatán, el hijo del rey Saúl, experimentó la convicción de que podía derrotar a los filisteos. El pueblo de Israel vivía en un tiempo de grandes problemas. En su humillación, ellos «se escondieron en cuevas, en fosos, en peñascos, en rocas y en cisternas». El pueblo siguió al rey Saúl «temblando» (1 Samuel 13:6–7).

Jonatán se negó a ser intimidado. Una idea surgió en su corazón, y sin decirle nada a su padre, le dijo a su paje de armas: «Ven y pasemos a la guarnición de los filisteos, que está de aquel lado [...] pasemos a la guarnición de estos incircuncisos; quizá haga algo Jehová por nosotros, pues no es difícil para Jehová salvar con muchos o con pocos. Y su paje de armas le respondió: Haz todo lo que tienes en tu corazón» (1 Samuel 14:1, 6–7). Jonatán llevó a cabo una prueba para conocer la voluntad de Dios. «Vamos a pasar a esos hombres, y nos mostraremos a ellos. Si nos dijeren así: Esperad hasta que lleguemos a vosotros, entonces nos estaremos en nuestro lugar, y no subiremos a ellos. Mas si nos dijeren así: Subid a nosotros, entonces subiremos, porque Jehová los ha entregado en nuestra mano; y esto nos será por señal» (vv. 8–10).

El plan funcionó. Tanto Jonatán como su paje de armas se mostraron a la avanzada filistea. Los filisteos dijeron: «He aquí los hebreos, que salen de las cavernas donde se habían escondido» (1 Samuel 14:11). Los hombres en el puesto de avanzada le gritaron a Jonatán y a su paje de armas: «Subid a nosotros, y os haremos saber una cosa» (v. 12). Esta era la señal exacta que Jonatán esperaba. Entonces él le dijo a su paje de armas: «Sube tras mí, porque Jehová los ha entregado en manos de Israel» (v. 12). Jonatán subió hasta los filisteos con su paje de armas y estos cayeron ante ellos; mataron a unos veinte hombres. «Y hubo pánico en el campamento y por el campo, y entre toda la gente de la guarnición; y los que habían ido a merodear, también ellos tuvieron pánico, y la tierra tembló; hubo, pues, gran consternación» (v. 15). Entonces el rey Saúl y todos sus hombres se reunieron y entraron en la batalla. Encontraron a los filisteos en «gran confusión», atacándose el uno al otro con sus espadas (v. 20). En pocas palabras, «así salvó Jehová a Israel aquel día» (v. 23).

Todo esto comenzó con un impulso santo: la convicción del corazón de Jonatán de que Dios les daría esa victoria.

¿Dios da impulsos santos hoy? A veces. Quizás no todos los días. Debemos ser cautelosos. Nunca olvide que el corazón es engañoso y extremadamente perverso. Somos tontos si olvidamos esto, en especial si podemos haber tenido una serie de éxitos luego de nuestros «impulsos».

Un impulso santo, un impulso no santo y un impulso santo

El rabino Sir David Rosen y yo escribimos un libro en conjunto titulado *The Christian and the Pharisee* [El cristiano y el fariseo]. El libro se gestó una mañana cuando —momentos antes del desayuno en mi tiempo de quietud— sentí el impulso de pedirle a David que escribiera un libro conmigo compuesto de nuestras cartas del uno al otro. Yo había conocido a David a través del Proceso de Alejandría, dirigido por Lord Carey, el antiguo arzobispo de Canterbury; el canónigo Andrew White y Shimon Peres, el expresidente de Israel. David y yo teníamos programado desayunar una mañana en el hotel Monte

Sión en Jerusalén. Así que en dicho desayuno le sugerí la idea del libro: yo presentaría el caso bíblico de que Jesús es el Mesías de Israel, y él podría responder como deseara. Inicialmente le dije: «No respondas ahora, solo piensa en ello». Sin embargo, él contestó de inmediato: «Hagámoslo». Y lo hicimos. Aunque no resultó un éxito de librería como yo esperaba, fue publicado en ambos lados del Atlántico. Los judíos cristianos lo han acogido con agrado, pero esperaba con cariño que este libro pudiera conducir a que algunos del pueblo judío fueran salvados. Hasta donde sé, eso no ha sucedido. No obstante, como diría Yogi Berra: «Esto no ha terminado hasta que ha terminado».[1] David y yo hemos seguido siendo buenos amigos hasta el día de hoy.

Ese libro comenzó con un impulso santo. Sin embargo,

después de que fue publicado, sentí otro impulso, uno enorme que resultó ser un impulso no santo. El mismo lo precipitaron algunos críticos de *The Christian and the Pharisee* que sugirieron que escribiéramos un libro que incluyera a los musulmanes. Sí, estuve de acuerdo. Se me ocurrió escribir un libro sobre el tema de quién tiene derecho a Jerusalén: los judíos, los cristianos o los palestinos. David aceptó representar a los judíos. Yo presentaría la perspectiva cristiana, pero solo después de dejar que todos los líderes de la iglesia en Jerusalén dieran su opinión. Le pedí al Dr. Saeb Erekat, el respetado negociador de la paz palestina con Israel, que presentara el punto de vista musulmán. Él dijo que no, pero que consideraría escribir el prólogo del libro. Pasé tiempo entrevistando o tratando de entrevistar a las principales figuras de las iglesias en Jerusalén, incluidos los ortodoxos rusos, ortodoxos sirios, ortodoxos armenios, ortodoxos griegos, anglicanos y líderes católicos romanos. Mientras tanto, aprendí mucho. Todos los caminos conducían a Egipto si quería conseguir que los más poderosos líderes musulmanes participaran. Me puse en contacto con varias personas con influencia. Las cosas parecían muy providenciales al inicio. Incluso fui a El Cairo pensando que el camino estaba preparado para que conociera al Gran Mufti de Egipto. Sin embargo, me golpeé contra una pared. Aunque a veces se mostraron entusiasmados al principio, *todos* terminaron diciendo que no.

Tuve que admitir al final que mi impulso no provenía de Dios. Me temo que solo se trató de una idea grandiosa que tenía sentido en ese momento.

Alguien podría decir: «Pero seguramente usted fue guiado a escribir el libro; fueron ellos quienes lo impidieron». Eso podría ser cierto. Sin embargo, también tuve que admitir que ninguna de las entrevistas con los líderes de la iglesia en Jerusalén fluyó. Perdí un montón de tiempo y dinero; aprendí mucho y la aventura probablemente no me causó daño. No obstante, al final supe en mi corazón que estaba presionando para lograr algo en lo que Dios no participaba. Aun así, mientras tanto, seguí intentando hasta que los líderes musulmanes que en un inicio dijeron que sí, uno por uno, se arrepintió. En definitiva, nunca encontré ningún líder musulmán de alto perfil que formara parte del libro. Hay un factor más. Llevé conmigo a John Paul Jackson, orador y ministro, cuando entrevisté a algunas de estas personas. Él me advirtió: «Tu ego te conducirá a la política. El Espíritu te mantendrá enfocado en la salvación». He considerado que eso significa que debo mantenerme fuera de la política no solo en lo que respecta a los asuntos del Oriente Medio, sino en casa también. Estoy agradecido de que mi «impulso» no resultara en la escritura de ese libro.

¿Cuál fue la diferencia entre el «sentimiento» en mi impulso a escribir *The Christian and the Pharisee* con el rabino Rosen y mi impulso a hacer un segundo libro, esta vez con él y un líder musulmán? Al principio no *sentí* ninguna diferencia. Es por eso que debemos poner a prueba nuestros sentimientos. Recuerde las cinco preguntas que vimos al comienzo de este capítulo. La respuesta a si nuestro impulso es realmente de Dios se hará clara cuando no tengamos que derribar las puertas para hacer que las cosas sucedan y el impulso conduzca a la paz.

Un punto decisivo en nuestra vida

Entiendo totalmente si usted lucha para aceptar lo que ahora voy a compartir. Solo describiré lo que nos sucedió a nosotros hace muchos años atrás. En junio de 1970, mientras me encontraba sentado junto a mi esposa, Louise, en una reunión de la Convención Bautista del Sur en Denver, Colorado, de repente sentí un fuerte impulso a abrir mi pequeño Nuevo Testamento para una confirmación de un impulso que estaba sintiendo. Después de días y semanas —incluso años— de reflexionar en el hecho de que no había obtenido mi título en Trevecca, las cosas llegaron a un punto crítico: debía decidir ahora terminar u olvidar el asunto para siempre. Confrontaba este dilema: tenía casi treinta y cinco años —una edad bastante avanzada para que alguien con una familia volviera a la escuela— y me sentía muy feliz en mi iglesia en Fort Lauderdale. Sin embargo, no estaba en paz con respecto a no tener credenciales académicas, como las tenían la mayoría de los ministros. ¿Debía renunciar a mi iglesia y terminar mis estudios universitarios y luego ir al seminario? Eso significaba pasar unos cinco años fuera del ministerio a tiempo completo, según asumí; además, no regresaría de nuevo al ministerio a tiempo completo hasta que cumpliera los cuarenta. Me mantuve pensando en la edad de cuarenta y en esperar cinco años antes de volver a tiempo completo al ministerio. ¿Pero realmente quería esperar hasta los cuarenta para esto?

Hay más: yo conocía el evangelio, tenía experiencia en hablar y era bastante conocedor de la Palabra de Dios. ¿Por qué necesitaba más educación? ¿Qué podría aprender? ¿Qué necesitaba realmente? Asimismo, estaba establecido en mi

Iglesia Bautista en Fort Lauderdale. Me sentía seguro. No obstante, me preguntaba qué sentiría cuando tuviera cuarenta años. ¿Me alegraría mucho a la edad de cuarenta años de que hubiera vuelto a la escuela? Casi con toda seguridad, me dije. Aun así, necesitaba una palabra clara del Señor para trasladarme de Fort Lauderdale a Nashville (a fin de obtener mi bachillerato en artes en Trevecca) —y luego trasladarse a Louisville, Kentucky, de modo que pudiera asistir al Seminario Teológico Bautista del Sur (para obtener mi MDiv)— y más tarde a Gran Bretaña, que era lo que yo aspiraba a hacer más que todo.

Esto era muy importante. Me mantenía pensando: «Si solo Dios quisiera darme una palabra». Él había hecho esto en momentos críticos antes. ¿Estaría complacido de hacerlo de nuevo?

El impulso a abrir mi pequeño Nuevo Testamento se intensificó. Tengo que decirle que abrir su Biblia a fin de obtener un versículo que le ofrezca dirección es una cosa peligrosa que hacer. *No* lo recomiendo. Aun así, ese día decidí seguir adelante con mi impulso. No obstante, le pedí algo al Señor: que las palabras donde mis ojos se posaran fueran específicas, claras y decisivas. Con mi corazón palpitando en mi pecho —pues de alguna manera sabía que nuestro futuro estaba a punto de ser revelado— abrí mi pequeño Nuevo Testamento. Mis ojos de inmediato cayeron sobre estas palabras: «Y fue enseñado Moisés en toda la sabiduría de los egipcios; y era poderoso en sus palabras y obras. Cuando hubo cumplido la edad de cuarenta años, le vino al corazón el visitar a sus hermanos, los hijos de Israel» (Hechos 7:22–23). Estas palabras no podrían haber resultado más relevantes para lo que estaba ardiendo en mi corazón;

todo cayó en su lugar. Para usar un término que más tarde descubriría en Gran Bretaña: me quedé boquiabierto.

Me volví a Louise y le expliqué lo que acababa de suceder. Estuvimos de acuerdo en que renunciaríamos a nuestra iglesia y yo regresaría a la escuela. Nunca nos arrepentimos.

CAPÍTULO 5

Cuestionamiento del liderazgo del Espíritu

Y movido por el Espíritu [Simeón], vino al templo.
—LUCAS 2:27

Y atravesando Frigia y la provincia de Galacia,
[a Pablo y los demás] les fue prohibido por
el Espíritu Santo hablar la palabra en Asia; y
cuando llegaron a Misia, intentaron ir a Bitinia, pero el Espíritu no se lo permitió.
—HECHOS 16:6–7

Ahora, he aquí, ligado yo [Pablo] en espíritu, voy a Jerusalén, sin saber lo que allá me
ha de acontecer; salvo que el Espíritu Santo
por todas las ciudades me da testimonio, diciendo que me esperan prisiones y tribulaciones.
—HECHOS 20:22–23

Y ellos [los discípulos] decían a Pablo por
el Espíritu, que no subiese a Jerusalén.
—HECHOS 21:4

La presencia del Señor y el Espíritu Santo son la misma cosa. Y sin embargo, hemos visto que la gente no siempre percibe su presencia, incluso cuando está presente. El sentido de la presencia de Dios es su presencia consciente, y esto es lo que anhelamos. El sentido de la presencia de Dios puede manifestarse en un «impulso santo», que es lo que experimenté cuando decidí pedirle a David Rosen que escribiera un libro conmigo. Es también lo que pensé que sentía cuando quería escribir el segundo libro sobre Jerusalén.

¿Cuál es la diferencia entre un impulso santo y el liderazgo indiscutible del Espíritu Santo? Ellos son lo mismo desde el punto de vista objetivo, pero no son necesariamente lo mismo en lo que respecta a lo subjetivo. La objetividad se refiere al *hecho*; lo subjetivo se refiere al *sentimiento*, o nuestra percepción. Muchos factores pueden estar involucrados cuando se trata de una percepción de la guía de Dios. Debemos ser capaces de diferenciar entre lo que queremos o esperamos que sea cierto y lo que el Espíritu está verdaderamente diciendo. El Espíritu puede estar hablando con claridad, pero si nuestras mentes ya han tomado una decisión, podemos no escuchar lo que Él está diciendo. Por lo tanto, lo subjetivo siempre debe cederle el paso a lo objetivo si vamos a llegar a la verdad.

Por ejemplo, subjetivamente me sentí llevado a escribir el mencionado libro sobre Jerusalén. Sin embargo, objetivamente me vi obligado a concluir que no estaba siendo guiado por el Espíritu. ¿Cómo sé esto? Las cosas no salieron bien. Empecé a perder la paz en cuanto al asunto. Tuve que renunciar a ello y admitir que había entendido mal al pensar que fui llevado a escribir el segundo libro.

Ser objetivo es a veces extremadamente difícil, en especial cuando tenemos un fuerte sentimiento u opinión sobre algo. De manera natural queremos creer que nuestra opinión es correcta. El problema, casi siempre, es nuestro orgullo. No obstante, obtener la verdad requiere que seamos imparciales, neutros, equitativos y nos desconectemos de nuestro ego. Esto puede significar solicitar y aceptar las opiniones críticas de otros. Implica que debemos estar *dispuestos* a que la gente considere que estamos equivocados. Eso resulta muy humillante.

Pregunta: ¿Desea tanto la presencia del Señor que está dispuesto a admitirlo cuando se equivoca? ¿Cuán importante es la verdadera presencia del Señor para usted? ¿Busca honrar a Dios o su vindicación personal?

Este libro no es solo acerca de la presencia del Señor, sino también sobre las cosas que pueden llegar a nosotros cuando estamos en su presencia. Deseo que este libro lo inspire a querer su presencia más que cualquier otra cosa en el mundo. Sin embargo, tarde o temprano tendremos que preguntarnos si lo que nuestro ego necesita es más importante para nosotros que la presencia objetiva del Señor. En otras palabras, ¿queremos los cumplidos de las personas o la recompensa y el reconocimiento que provienen de nuestro Padre celestial? Jesús le preguntó a los judíos que no creían en Él: «¿Cómo *podéis* vosotros creer, pues recibís gloria los unos de los otros, y no buscáis la gloria que viene del Dios único?» (Juan 5:44, énfasis añadido).

Los cuatro pasajes bíblicos que encabezan este capítulo, escrito por Lucas, apuntan al liderazgo del Espíritu Santo. No obstante, se podría plantear una cuestión sobre el Espíritu Santo con respecto a cada uno de ellos.

Lucas 2:27

El primer pasaje de Lucas muestra como ejemplo al Espíritu guiando a Simeón. «El Espíritu Santo estaba sobre él. Y le había sido revelado por el Espíritu Santo, que no vería la muerte antes de que viese al Ungido del Señor» (Lucas 2:25–26), es decir, el Mesías. No sabemos cuántos años tenía Simeón, pero era posiblemente un anciano. Este relato ha llevado a varios cristianos sinceros a creer que no morirían antes de la segunda venida de Jesús. En otras palabras, como Simeón creía que vería al Mesías de Israel antes de morir, del mismo modo hay algunos que creen que no morirán, sino que estarán vivos en el momento de la segunda venida de Jesús. Simeón representa su inspiración para este tipo de esperanza. Sin embargo, tengo que decir que los que conozco que pensaron esto, todos se encuentran en el cielo hoy. Ellos estaban equivocados. Esto demuestra cómo las personas pueden creer sinceramente que escuchan a Dios cuando obviamente no es así. Estas personas creían que estarían vivos en la Segunda Venida porque es lo que ellos *querían*.

Su pensamiento erróneo muestra cómo debemos aprender a hacer una distinción entre lo que anhelamos y la esperanza que es verdadera y la palabra objetiva del Señor. Yo he estado equivocado muchas veces. Cuando tenía diecisiete años pensé que el Espíritu Santo me había revelado que mi madre, de cuarenta y tres años de edad, no moriría cuando se enfermó gravemente. Ella murió dos meses después. Estaba absolutamente seguro de que me casaría con una rubia. Louise tiene el cabello castaño. Daba por seguro que me llamarían a pastorear una iglesia en Hallandale

Beach, Florida. Llamaron a otra persona. Y así podría seguir y seguir. Todas estas decepciones no estaban enraizadas en la voz objetiva del Espíritu Santo, sino en mis propios deseos.

Lucas dice varias cosas sobre Simeón. Él era un hombre justo y piadoso que esperaba la consolación de Israel. Esto significa que quería ver el cumplimiento de la profecía sobre el Mesías de Israel. El Espíritu Santo estaba sobre él, y un día Simeón fue «movido por el Espíritu» a fin de que acudiera al templo (Lucas 2:27). Lo que es más, él había entendido bien. Realmente el Espíritu lo impulsó a ir al templo y ver al Mesías con sus propios ojos antes de morir.

Algunas personas han cuestionado cómo alguien podría experimentar la presencia inmediata y directa del Espíritu Santo antes del día de Pentecostés. La respuesta es que el Espíritu Santo es tan eterno como es eterno el Hijo y es eterno el Padre. No obstante, la declaración de Juan de que el Espíritu Santo «aún no había venido» (Juan 7:39) —en referencia al tiempo antes de Pentecostés— ha llevado a algunos a hacer esta pregunta.

Concluir hasta qué punto las personas experimentaron al Espíritu antes de Pentecostés sería especulativo, pero algunos verdaderamente experimentaron al Espíritu Santo hasta cierto grado, y tal vez en gran medida.

Lucas dice que el Espíritu Santo estaba en Simeón y él fue «movido por el Espíritu» para ir al templo. Esto implica que Simeón conscientemente se sintió impulsado a acudir allí. No es probable que Simeón usara un léxico como «movido por el Espíritu». Dudo que el término *Espíritu Santo* formara parte de su vocabulario. El Espíritu Santo descendió en Pentecostés, más de treinta años después. Cuando Simeón tomó al niño Jesús en sus brazos, exclamó: «Ahora, Señor, despides a tu siervo en paz, conforme a tu palabra; porque han visto mis ojos tu salvación, la cual has preparado en presencia de todos los pueblos; luz para revelación a los gentiles, y gloria de tu pueblo Israel (Lucas 2:29–32). ¡Simeón ahora sabía con certeza que no había sido engañado!

Esto demuestra que el Espíritu Santo estaba realmente presente y activo en las personas antes de Pentecostés. Por lo tanto, nunca piense que Pentecostés fue la primera vez en que Él descendió del cielo. El Espíritu de Dios estaba activo en la creación (Génesis 1:2). David oró: «No me eches de delante de ti, y no quites de mí tu santo Espíritu» (Salmo 51:11). Jesús dijo que David habló «en el Espíritu» cuando escribió Salmo 110:1 (Mateo 22:43). Esto se debe a que la tercera persona de la Trinidad es *eterna*. El escritor de Hebreos lo llama explícitamente el «Espíritu eterno» (Hebreos 9:14). Él no tuvo principio y no tiene fin. El escritor de Hebreos está diciendo que lo que Jesús hizo en la cruz —cincuenta días antes de Pentecostés— fue llevado a cabo por medio del Espíritu Santo. A través del Espíritu eterno, Cristo se ofreció sin mancha a Dios. No solo eso, sino que también el Espíritu Santo estaba detrás de todo lo que Moisés hizo durante el establecimiento del tabernáculo en el desierto. El patrón completo del antiguo tabernáculo debe explicarse por el liderazgo del Espíritu: «Dando el Espíritu Santo a entender con esto que aún no se había manifestado el camino al Lugar Santísimo, entre tanto que la primera parte del tabernáculo estuviese en pie» (v. 8).

Por lo tanto, lo que le ocurrió a Simeón no debe sorprender. El término *Espíritu Santo* puede no haber formado parte del vocabulario de Simeón, pero ciertamente sí estaba en el vocabulario de Lucas. Así que escribiendo bajo la infalible inspiración del Espíritu Santo, Lucas afirma que la explicación de que Simeón acudiera al templo cuando lo hizo reside en que el Espíritu lo movió a hacerlo.

La inspiración de las Sagradas Escrituras

Debemos tener en cuenta un principio importante cuando consideramos el papel del Espíritu Santo en la escritura de la Biblia. Creo en la inspiración infalible del Espíritu cuando se trata de la confiabilidad, fiabilidad y autenticidad de la Escritura. Por ejemplo, una cosa es que el propio escritor afirme que algo proviene del Espíritu Santo, y es otra si él cita a un individuo aseverando algo del Espíritu, como veremos más adelante. En el caso de Simeón, Lucas escribe su explicación teológica sobre lo que había detrás de la visita de Simeón al templo.

Hechos 16:6–7

Hechos 16:6–7 presenta una dificultad para algunos. Si Jesús les ordenó a sus discípulos ir a todo el mundo a predicar el evangelio (Mateo 28:19; Marcos 16:15), ¿cómo pudo el Espíritu Santo prohibirles a los discípulos predicar el evangelio en Asia? Si Dios llama a todas las personas en todas partes a arrepentirse (Hechos 17:30), ¿qué estaba sucediendo cuando el Espíritu impidió que los discípulos predicaran el evangelio en Asia y Bitinia?

En Hechos 16:6–7, Lucas dice claramente que a ciertos discípulos «les fue prohibido por el Espíritu Santo hablar la palabra en Asia». Este incidente también parece reflejar la opinión teológica de Lucas. Los discípulos no dicen que *ellos* percibieron esto en dicho momento; tal vez lo percibieron, pero Lucas es quien lo dice y asume la responsabilidad por tal afirmación. Debido a que él está escribiendo bajo la inspiración divina, creo que esto es objetivamente cierto: *el Espíritu se los prohibió*. Si Pablo y los otros sabían subjetivamente a partir del testimonio interno del Espíritu Santo que no debían seguir adelante o golpearon objetivamente una pared y no pudieron proseguir, no lo sabemos. Lucas simplemente dice que el Espíritu Santo les prohibió continuar avanzando.

Considero este pasaje en referencia a lo que los discípulos *sentían*, que el Espíritu Santo no les daba la libertad para proseguir hacia donde planeaban ir. Esto podría significar que Dios tenía otros planes para ellos en ese momento.

Una de las cosas más interesantes, pero enigmáticas, es saber cuándo es Satanás el que pone dificultades o cuándo se trata de la providencia de Dios y el Espíritu Santo. Por ejemplo, Pablo dice que Satanás le impidió ir a Tesalónica (1 Tesalonicenses 2:18). Y sin embargo, afirma que cuando se le imposibilitó llegar a Roma, fue porque estaba muy ocupado predicando el evangelio en otros lugares (Romanos 1:13; 15:20-22).

Nos guste o no, algunas cosas siempre serán un enigma. No lo sabemos todo, y no necesitamos saberlo todo. Y sin embargo, en el caso de Pablo y los otros planeando ir a Asia y Bitinia, Lucas claramente le atribuye toda la situación a la soberanía del Espíritu Santo. Jesús dijo que el Espíritu Santo es como el viento que sopla de donde quiere, y no sabemos de dónde viene ni a dónde va (Juan 3:8). Esto puede referirse a la obra del Espíritu en el corazón de las personas, y puede referirse a la soberana providencia de Dios.

Eso es lo suficientemente bueno para mí; le creo a Lucas cuando afirma que Dios no les permitió seguir adelante. Incluso si tropezaron con un obstáculo y no pudieron continuar, Dios es responsable de que los discípulos no llegaran a donde en un inicio tenían la intención de ir. La Nueva Versión Internacional utiliza la expresión «el Espíritu de Jesús» para explicar quién no les permitió proceder. Esta es una de las pocas veces que esta frase exacta se usa en el Nuevo Testamento. Pablo lo llama «el Espíritu de Dios» (Romanos 8:9) y «el Espíritu de Jesucristo» (Filipenses 1:19). En cualquier caso, el liderazgo del Espíritu Santo tenía la intención de que estos hombres no fueran a Asia o Bitinia. No encontramos ningún indicio de que los discípulos fracasaran en su misión o se sintieran decepcionados. Lucas claramente le atribuye toda la situación a la soberanía de Dios.

El conocimiento de la soberanía de Dios por parte de Lucas emerge varias veces en el libro de Hechos, aunque en dos lugares solo está citando a los que creyeron en ella. Por ejemplo, Pedro, en su sermón del día de Pentecostés, dijo acerca de la crucifixión de Jesús: «A éste, entregado por el determinado consejo y anticipado conocimiento de Dios, prendisteis y matasteis por manos de inicuos, crucificándole» (Hechos 2:23). Este versículo muestra tanto el propósito soberano de Dios como también la responsabilidad del hombre. Cuando los discípulos oraron después de ser amenazados, dijeron que aquellos que crucificaron a Jesús hicieron lo que la mano y el consejo de Dios «habían antes determinado que sucediera» (Hechos 4:28).

Sin embargo, Lucas da su opinión teológica en al menos dos lugares. Primero, le atribuye el crecimiento de la iglesia a lo que Dios hizo: «Y el Señor añadía cada día a la iglesia los que habían de ser salvos» (Hechos 2:47). Dios estaba detrás del crecimiento de la iglesia. Además, con respecto a la conversión de los gentiles, Lucas escribió: «Los gentiles, oyendo esto, se regocijaban y glorificaban la palabra del Señor, y creyeron todos los que estaban ordenados para vida eterna» (Hechos 13:48). Si Lucas hubiera dicho que todos los que creyeron fueron designados para la vida eterna, esto habría sido absolutamente cierto. Sin embargo, Lucas estaba intentando enfatizar un punto teológico importante: fueron aquellos que habían sido ordenados —«los que estaban destinados» (NVI)— los que creyeron. Él creía en la elección divina, que Dios escoge a los que creerán.

Le planteé la cuestión de la teología de Lucas sobre la soberanía de Dios a mi maestro de griego en un aula del Seminario Teológico Bautista del Sur hace años (esto fue cuando la escuela era muy liberal). Señalé cosas tales como la afirmación de Lucas de que «los que estaban ordenados para vida eterna» fueron los que creyeron (Hechos 13:48), demostrando así la elección divina. Entonces, cuando le pregunté al profesor lo que pensaba de Hechos 13:48, respondió: «No estoy de acuerdo con Lucas». Él no cuestionó si Lucas estaba enseñando o no la elección divina. Más bien —asombrosamente— sintió la libertad de elevarse por encima de la Escritura y juzgarla. Yo no tengo esa libertad. Estoy obligado a aceptar lo que Lucas escribió.

Si usted me preguntara por qué a los discípulos se les prohibió hablar la palabra en Asia, y por qué el Espíritu de Jesús no les permitió ir a Bitinia, tendría que responderle: «No sé». Sospecho que esto solo significaba que no se les dejó ir allí *en ese momento* y que Dios tenía otros planes. ¡El evangelio ciertamente habrá llegado más tarde!

Hechos 16:6–7 demuestra cómo los primeros discípulos fueron guiados de forma soberana por el Espíritu Santo en todo lo que hicieron…ya fuera por medio de un impulso santo o de estrellarse contra una pared.

Hechos 20:22 y Hechos 21:4

En el tercer pasaje, Pablo se dirige a los ancianos de la iglesia en Éfeso. Se refiere a su ferviente intención de ir a Jerusalén y claramente la atribuye al liderazgo *inmediato* del Espíritu Santo. Él usa un lenguaje fuerte: «Ahora, he aquí, ligado yo en espíritu, voy a Jerusalén, sin saber lo que allá me ha de acontecer» (Hechos 20:22). La Nueva Versión Internacional señala que Pablo fue «obligado por el Espíritu». En pocas palabras, Pablo afirma que Dios mismo le dijo que fuera a Jerusalén. Como un apóstol, él tenía ciertamente el derecho de hacer esta afirmación.

Sin embargo, ¿podría Pablo haber confundido su propia determinación con el liderazgo del Espíritu? ¿Podría él haberle imputado al Espíritu Santo su deseo personal? ¿Podría el gran apóstol Pablo haberse equivocado?

Si el libro de Hechos terminara allí —o no existiera Hechos 21— no tendríamos un dilema en nuestras manos. Pablo no está tratando de probar nada. Simplemente está actualizando a los ancianos de Éfeso con respecto a lo que le espera más adelante. Sabe que no será fácil. Lucas estaba presente cuando Pablo les informó estas cosas a los ancianos en Éfeso. Lo que Pablo les contó fue claro, y todo lo que Lucas hizo fue notificar lo que dijo Pablo: que él iba a ir a Jerusalén obligado por el Espíritu Santo. El informe de Lucas no significa que él estuviera de acuerdo con Pablo.

Sin embargo, lo que sigue en Hechos 21:4 y los versículos siguientes es que Lucas desafía tranquilamente la opinión de Pablo.

¿Quién tenía razón, Pablo o Lucas?

Ahora llegamos al cuarto y más difícil pasaje que cité al principio de este capítulo. Lucas dice que ciertos discípulos «por el Espíritu» instaron a Pablo a no ir a Jerusalén (Hechos 21:4). Esto es lo que hace que este pasaje represente un problema. Algunos podrían decir que fue un comentario imprudente de Lucas, o que él estaba afirmando gentilmente la idea de los discípulos porque ellos creían que profetizaban por el Espíritu Santo. No obstante, sin dudas, Lucas estaba escribiendo bajo inspiración infalible o no lo haría. Estas fueron advertencias proféticas de algunos discípulos en Tiro, donde Pablo estuvo siete días. Si Lucas no hubiera usado las palabras «por el Espíritu» con respecto a la advertencia que estos discípulos le hicieron a Pablo, no tendríamos un problema ante nosotros. Simplemente podríamos descartarlas, considerando a los discípulos como personas sinceras que pensaban que debían advertirle a Pablo. Sin embargo, Lucas dice que lo hicieron «por el Espíritu». Si este es objetivamente el caso, Dios le estaba advirtiendo a Pablo. Por lo tanto, no son estos discípulos, sino Lucas —el autor del libro de Hechos escribiendo bajo inspiración— quien lo dice. Ellos podrían haber sido citados como diciendo: «Pablo, creemos que el Espíritu nos ha dicho que no debes ir a Jerusalén». O podrían haber declarado: «Pablo, el Espíritu nos ha compelido a decirte que no debes ir a Jerusalén». No obstante, debido a que Lucas afirma que profetizaron «por el Espíritu», nos enfrentamos a un problema muy importante. Y sin embargo, Lucas no embellece esta afirmación; él luego dice: «Cumplidos aquellos días, salimos, acompañándonos todos, con sus mujeres e hijos, hasta fuera de la ciudad; y puestos de rodillas en la playa, oramos» (v. 5). Esto muestra que el propio Lucas estaba presente en todo el asunto.

Hay más. Pablo y Lucas continuaron su viaje desde Tiro, terminándolo en Cesarea. Los pasajes de Hechos escritos en primera persona indican cuándo Lucas estaba físicamente presente. Ellos se quedaron en la casa de Felipe. Lucas añade que Felipe «tenía cuatro hijas doncellas que profetizaban» (Hechos 21:9). Él no indica exactamente lo que profetizaron, pero muchos estudiosos sugieren que ellas también profetizaron como lo hicieron los discípulos anteriores, ¿o por qué otra cosa Lucas se molestaría en mencionarlas? No solo eso, él luego informa la profecía de Agabo: «Viniendo a vernos» (lo cual significa que él vino a Lucas y Pablo), Agabo tomó el cinturón de Pablo, ató sus manos y pies, y luego declaró: «Esto dice el Espíritu Santo: Así atarán los judíos en Jerusalén al varón de quien es este cinto, y le entregarán en manos de los gentiles» (v. 11). Lucas continúa: «Al oír esto, le rogamos *nosotros* y los de aquel lugar, que no subiese a Jerusalén» (v. 12, énfasis añadido).

De acuerdo o en desacuerdo con Lucas, él cree claramente que Pablo no debería ir a Jerusalén. ¿A quién le vamos a creer, a Pablo o a Lucas? ¿El autor del libro de Hechos tiene más conocimiento sobre esto que el apóstol Pablo? ¿O no debería Lucas haber dejado que Pablo dijera la última palabra? Por cierto, he aquí la respuesta de Pablo a la profecía de Agabo: «¿Qué hacéis llorando y quebrantándome el corazón? Porque yo estoy dispuesto no sólo a ser atado, mas aun a morir en Jerusalén por el nombre del Señor Jesús» (Hechos 21:13). Pablo escribió: «No desprecien las profecías» (1 Tesalonicenses 5:20, NVI), sin embargo, rechazó la profecía de Agabo. Este es el mismo Agabo que antes profetizó una severa hambruna. Y según afirma Lucas, la profecía se cumplió (Hechos 11:28). Por consiguiente, Lucas le dio a Agabo gran credibilidad. No obstante, cuando Pablo no fue disuadido por la profecía de Agabo, Lucas dice: «Y como no le pudimos persuadir, desistimos, diciendo: Hágase la voluntad del Señor» (Hechos 21:14). Lucas, en cualquier caso, se puso del lado de aquellos que creían que Pablo no debía ir a Jerusalén. Uno se pregunta si la opinión de Lucas tuvo algún efecto en su relación con Pablo durante los días siguientes. ¡Nos enteraremos cuando lleguemos al cielo!

Así que cuando se trata del asunto complicado de si el apóstol Pablo tenía razón al rechazar las advertencias de los que profetizaron —como lo hizo— el problema está en si Pablo pudo cometer un error al pensar que era el Espíritu quien estaba detrás de su determinación de ir a Jerusalén. O si la autoridad de Lucas como el escritor inspirado del libro de Hechos —diciendo lo que dijo en Hechos 21:4— triunfa sobre las palabras de Pablo en Hechos 20:22.

¿Qué dice usted? Si es como muchos, asumirá que Pablo siendo un apóstol no habría malinterpretado al Espíritu Santo. Como un amigo mío dijo: «Simplemente no puedo creer que Pablo estuviera equivocado».

El Espíritu Santo estaba a favor o en contra de que Pablo fuera a Jerusalén.

Sabemos dos cosas incuestionables a partir de este relato: (1) Lucas dice que los discípulos de Tiro le advirtieron a Pablo «por el Espíritu» y (2) Lucas se une a aquellos que pensaban que Pablo no debía ir a Jerusalén. Los pasajes escritos en primera persona confirman esto, unido al hecho de que Lucas hace énfasis en los que se oponen a Pablo: los discípulos de Tiro, las hijas de Felipe (casi con toda seguridad) y la profecía de Agabo.

¿Pablo se equivocó? ¿O Lucas estaba errado?

Así que volvemos a la misma pregunta, ¿cuál es la diferencia entre el impulso santo subjetivo y el ser guiado objetivamente por el Espíritu Santo? Pablo afirmaba haber experimentado un impulso santo. ¡Pero también lo hacían los que discrepaban con él!

¿Podrían ambas partes tener razón? Quizás. Tal vez los que profetizaron podían ver que Pablo iba a tener problemas serios en Jerusalén y por lo tanto le suplicaron que no fuera... salvo que «por el Espíritu» instaran a Pablo a no ir. Esto me dice que el Espíritu Santo estaba diciendo: «No vayas». Si es así, Pablo desobedeció. Sin embargo, probablemente pensó que estas personas eran sinceras, ¡pero que no tenían una relación tan estrecha con el Espíritu Santo como él! Nosotros solo podemos estar seguros de que «a los que aman a Dios, todas las cosas les ayudan a bien, esto es, a los que conforme a su propósito son llamados» (Romanos 8:28). No obstante, uno de los principios más importantes que deben gobernar nuestro pensamiento acerca de Romanos 8:28 es que el hecho de que todas las cosas ayuden a bien no significa que todo lo que sucedió fue justo en ese momento.

He aquí diez hechos incuestionables. Primero, Pablo fue a Jerusalén. Segundo, cuando llegó allí se vio forzado a contemporizar con ciertos judíos que no confiaron en él; disipando sus preocupaciones mediante el cumplimiento de un voto a fin de probarse a sí mismo (Hechos 21:20–26).

En tercer lugar, rápidamente unos judíos le echaron mano y lo acusaron falsamente de llevar a los gentiles al templo (vv. 27–29). Cuarto, fue golpeado severamente y casi lo matan (vv. 30–32). Quinto, fue detenido por las autoridades romanas que no sabían realmente de qué se trataba todo aquel alboroto (vv. 33–36). Sexto, finalmente se le permitió hablarles a los judíos y dar su testimonio, pero tan pronto como mencionó la parte de llevar su mensaje a los gentiles, la multitud estalló con gritos de «No conviene que viva» (Hechos 21:37—22:22). Séptimo, debido a que se descubrió que Pablo era un ciudadano romano, las autoridades romanas lo protegieron y se le permitió dirigirse al Sanedrín. Esto terminó en tal disputa que el comandante romano temía que Pablo fuera despedazado. Así que las tropas lo llevaron a la fortaleza (Hechos 22:23—23:10). Octavo, un informe del sobrino de Pablo llevó a las autoridades romanas a transferir a Pablo en medio de la noche para evitar que fuera asesinado (Hechos 23:12–22). Noveno, Pablo testificó delante del rey Agripa antes de que su argumentación hubiera terminado (Hechos 26). Décimo, como consecuencia de su testimonio ante los gobernadores Festo y Félix, en los que pidió que el César lo escuchara, Pablo fue finalmente puesto en un barco y enviado a Roma (Hechos 24–28).

Hay por lo menos tres opiniones con respecto a la decisión de Pablo de ir a Jerusalén: (1) fue guiado por el Espíritu a ir como dijo; (2) desobedeció al Espíritu Santo; (3) Dios permite que toda la situación siga siendo un enigma para que no nos desanimemos cuando las cosas no tienen sentido para nosotros. Voy a defender las tres posiciones a continuación.

El punto de vista de que Pablo estaba obedeciendo al Espíritu

Primero, permítanme defender la opinión de que Pablo tenía absolutamente la razón al ir a Jerusalén a pesar de las advertencias. Podríamos inferir esto debido a su autoridad apostólica y a la valiente afirmación de que fue «obligado» por el Espíritu Santo a ir a Jerusalén (Hechos 20:22, NVI). Eso es importante. Segundo, él tuvo que darles su testimonio a muchos judíos en Jerusalén (Hechos 22:2–22).

Esto es algo que anhelaba hacer. También presentó su caso ante el Sanedrín (Hechos 23:1–9). Tal cosa también era algo que quería hacer. En tercer lugar, testificó ante el gobernador Félix, disertando acerca «de la justicia, del dominio propio y del juicio venidero», lo cual hizo que Félix tuviera miedo (Hechos 24:25). Esto representó un tremendo testimonio. Ofrece una faceta de la predicación de Pablo que solo recibimos a partir de este relato. Cuarto, su aparición ante el rey Agripa le da cumplimiento a una palabra profética de que él estaría un día ante los reyes (Hechos 9:15; 26:1–32). Finalmente, después de testificarle al Sanedrín y que los romanos lo llevaran a la fortaleza, el Señor Jesús mismo se le presentó a Pablo y le dijo: «Ten ánimo, Pablo, pues como has testificado de mí en Jerusalén, así es necesario que testifiques también en Roma» (Hechos 23:11). La palabra del Señor suena como una confirmación de la decisión de Pablo de ir a Jerusalén.

El punto de vista de que Pablo desobedeció al Espíritu

Al examinar la opinión de que Pablo desobedeció al Espíritu, vayamos desde lo general hasta lo particular. Primero, muy poco bien resultó de la insistencia de Pablo en ir a Jerusalén. Casi se podría argumentar que nada sustancialmente bueno provino de ello. Segundo, se vio en problemas todo el tiempo desde el momento en que llegó a Jerusalén. Su visita no fue apreciada por nadie, ya fueran los creyentes judíos a los que quería impresionar o los judíos inconversos a los que les testificó. No estaba en buena forma cuando se presentó ante el Sanedrín. Parece haber perdido la paciencia con el sumo sacerdote y, sorprendentemente, afirmó que no sabía que era el sumo sacerdote (Hechos 23:3–5). En tercer lugar, aunque fue llamado a ser el apóstol de los gentiles, luchó con esto. Sin embargo, no solo fue llamado a ser el apóstol de los gentiles, sino que además Dios le concedió un gran éxito con ellos.

Sí, aquí es donde triunfó… ¡con los gentiles! ¡No obstante, en su corazón todavía estaba tratando de convertir a los judíos!

Pablo estaba determinado

Considero que Pablo estaba tan decidido a ir a Jerusalén —y presentar personalmente las ofrendas a los pobres de la iglesia allí (Hechos 24:17)— que él sinceramente creía que estaba obedeciendo al Espíritu Santo. No desobedecía al Espíritu de manera conciente. Estaba demasiado enfrascado en su propio deseo de ir a Jerusalén, sin que importara el costo. No hay duda de que él no consideraba su vida preciosa. «Considero que mi vida carece de valor para mí mismo» (Hechos 20:24, NVI). Por eso no le importaba lo que le sucediera en Jerusalén. No obstante, su apelación al César (Hechos 25:12) sugiere que justificó esas profecías sobre él de que no debía ir a Jerusalén. Incluso podría decir que ellos tenían razón, pero él también.

Considero que las profecías dirigidas a Pablo en Hechos 21 eran del Espíritu Santo.

El enigma

¿Necesitamos saber las cosas con seguridad? Todos tenemos enigmas. Yo tengo muchas preguntas que quiero hacer acerca de la guía divina cuando llegue al cielo. Ha habido ocasiones en que *sé* que estaba en la presencia de Dios y otras en las que *creí* estar en su presencia. La mayor libertad, como mi amigo Pete Cantrell dice, es «no tener nada que probar».

He aquí la conclusión cuando se trata de la controversia de Pablo con las profecías dirigidas a él: «Quiero que sepáis, hermanos, que las cosas que me han sucedido, han redundado más bien para el progreso del evangelio» (Filipenses 1:12). Eso es lo suficiente bueno, ¿no es así?

Cuando Pablo escribió sus epístolas, usted puede creer cada palabra que él dijo. Él escribió las palabras de Dios. No obstante, cuando lo consideramos como una persona en el libro de Hechos, lo vemos como un ser humano que no era perfecto. ¿Y por qué debería ser visto como perfecto? Si Moisés, el hombre más grande del Antiguo Testamento, no era perfecto, ¿por qué Pablo, la persona más grande del Nuevo Testamento luego de Jesús, tiene que ser perfecto?

CAPÍTULO 6

Integridad

Por lo demás, hermanos, todo lo que es
verdadero, todo lo honesto, todo lo justo,
todo lo puro, todo lo amable, todo lo que
es de buen nombre; si hay virtud alguna, si
algo digno de alabanza, en esto pensad.

—FILIPENSES 4:8

La verdad os hará libres.

—JUAN 8:32

UNO DE MIS primeros recuerdos de la infancia proviene de cuando tenía seis años. Un servicio de la tarde en particular cierto domingo en mi iglesia nazarena de Bath Avenue en Ashland, Kentucky, está grabado en mi memoria. Mirando hacia atrás, diría que era un servicio típico. La gente comenzó a gritar, correr, dar saltos arriba y abajo, caminar y llorar. Mi propia madre corrió de un lado de la iglesia al otro frente al altar, levantando los brazos al aire con un pañuelo en una mano y gritando.

Aunque este era un servicio típico, es el único en el que recuerdo que mi madre se comportara así, lo cual es en parte el motivo de que se destaque en mi memoria.

Esto me pareció vergonzoso, incluso a la edad de seis

años, así que salí durante el servicio. El conserje de la iglesia me encontró afuera y me preguntó: «¿Qué estás haciendo aquí afuera RT?».

«No me gusta el ruido», le respondí. Me las había arreglado para salir de la iglesia sin que mis padres lo notaran. Sin embargo, el conserje se lo contó a mi papá, quien repitió la historia muchas veces.

Jesús dijo que debemos ser como un niño si queremos entrar en el reino de los cielos (Mateo 18:3). Podríamos decir muchas cosas sobre los niños en general y hacer deducciones a partir de estas características para determinar lo que Jesús quiso decir con esta declaración. No obstante, estoy seguro de una razón por la que dijo esto: un niño no reprime sus expresiones ni tiene cuidado de decir lo correcto. Un niño puede ser inocente y transparentemente honesto. Creo que eso me describe a la edad de seis años cuando salí de ese servicio de la iglesia.

No estoy criticando a mi antigua iglesia, aunque puedo entenderlo si usted piensa que lo estaba haciendo. Crecí en mi iglesia de Ashland durante un tiempo en que, según pienso, había un vestigio de una atmósfera de avivamiento que provino de dos fuentes: (1) la comunidad nazarena se encontraba en los inicios del siglo veinte y (2) se experimentaban las secuelas del Avivamiento de Cane Ridge, un lugar que se hallaba aproximadamente a cien millas (ciento sesenta kilómetros) de Ashland. La gente en Ashland tenía un apodo para nuestra iglesia: «ruidorenos». Ellos tenían razón en cuanto a eso. En ese entonces los nazarenos eran ruidosos.

Sin embargo, ya no lo son más; las cosas han cambiado.

Para bien o para mal, esos días han terminado para los nazarenos, y ya ha sido así durante años.

Como usted puede imaginar, he pensado en este aspecto de mi trasfondo eclesiástico incontables veces. Me he preguntado: ¿Qué era todo ese alboroto? ¿Por qué gritaban? ¿Por qué corrían de un lado a otro por los pasillos de las iglesias? ¿Por qué lloraban? ¿Por qué todo el ruido?

Mi respuesta sincera es esta: tuvo lugar algo muy genuino —diría que un verdadero avivamiento— que originalmente lo causó. Ya se trate del Avivamiento de Cane Ridge de 1801 (parte del Segundo Gran Despertar de los Estados Unidos) o de los días de gloria de la Iglesia del Nazareno (fundada por el líder metodista Phineas Bresee en 1909), ninguno de los cuales eran carismáticos o pentecostales, ellos resultaron conocidos por sus ruidos. Durante el Avivamiento de Cane Ridge, «el ruido era como el rugido del Niágara», escribió uno de los participantes.[1] Al igual que el tronar de las Cataratas del Niágara, la gente podía ser escuchada a una milla (alrededor de medio kilómetro) de distancia. ¿Qué causaba el ruido? Las personas gritando. Era similar a lo que se escucha en un partido de fútbol en Gran Bretaña o un partido de béisbol en los Estados Unidos cuando el equipo local anota. Sí, ellos hicieron esto en la iglesia.

¿Pero por qué? Por el gozo del Señor. La presencia de Dios era tan poderosa que las personas perdieron su conciencia de la dignidad personal; no les importaba lo que la gente pensara. Expresaron su alegría con sus gritos y risas, y saltando arriba y abajo.

Personalmente, nunca hice esto. No sé por qué, pero yo

nunca me sentí impulsado a hacerlo. Y sin embargo, no cuestioné la autenticidad de algunos de los que lo hicieron.

El propósito de este capítulo no es evaluar la validez de las manifestaciones de mi antigua iglesia. Este capítulo trata sobre la integridad, la disposición a llegar al fondo de la verdad sin importar a dónde conduce o lo que se necesita para lograrlo.

La búsqueda de la integridad tiene que ver con la búsqueda de la verdad, o los hechos. Solo la verdad es lo que nos hace libres (Juan 8:32). Es la libertad lo que demuestra la verdadera presencia del Espíritu Santo (2 Corintios 3:17). La pregunta es: ¿realmente queremos la verdad? ¿Hasta dónde estamos dispuestos a llegar para obtener la verdad?

Invocando el juramento

Una cosa que seguramente provocará una gran honestidad es la conciencia de que estamos en la presencia de Dios. Apelar a la presencia de Dios es como hacer un juramento. Si usted hace un juramento, es mejor que esté seguro de que tiene autoridad para ello. El profeta Samuel invocó la presencia de Dios en la declaración de su integridad. «Aquí me tienen. Pueden acusarme en la presencia del Señor y de su ungido. ¿A quién le he robado un buey o un asno? ¿A quién he defraudado? ¿A quién he oprimido? ¿Por quién me he dejado sobornar? Acúsenme, y pagaré lo que corresponda» (1 Samuel 12:3, NVI). Las personas testificaron que Samuel había sido transparentemente honesto en sus tratos con ellas.

El profeta Jeremías tenía un rival. Su nombre era Hananías. Jeremías profetizó que el cautiverio babilónico duraría setenta años. Hananías invocó la presencia del Señor para afirmar que el cautiverio duraría solo dos años. Él proclamó audazmente: «Así ha dicho Jehová: De esta manera romperé el yugo de Nabucodonosor rey de Babilonia, del cuello de todas las naciones, dentro de dos años» (Jeremías 28:11). Jeremías le dijo entonces a Hananías: «Ahora oye, Hananías: Jehová no te envió, y tú has hecho confiar en mentira a este pueblo. Por tanto, así ha dicho Jehová: He aquí que yo te quito de sobre la faz de la tierra; morirás en este año, porque hablaste rebelión contra Jehová. Y en el mismo año murió Hananías, en el mes séptimo» (vv. 15–17).

El punto es que si alguien afirma hablar por Dios mismo, debe estar seguro de que no está siendo engañado. Es algo temible decir: «Así dice el Señor». Resulta mucho mejor nunca hacer algo así que hacerlo mal.

Pablo invocó la presencia del Señor cuando usó su autoridad apostólica para entregarle a un hombre incestuoso —un creyente— a Satanás. «Ciertamente yo, como ausente en cuerpo, pero presente en espíritu, ya como presente he juzgado al que tal cosa ha hecho. En el nombre de nuestro Señor Jesucristo, reunidos vosotros y mi espíritu, con el poder de nuestro Señor Jesucristo, el tal sea entregado a Satanás para destrucción de la carne, a fin de que el espíritu sea salvo en el día del Señor Jesús» (1 Corintios 5:3–5).

En otras palabras, cuando invocamos la presencia del Señor, nos conviene absolutamente ser personas de integridad incuestionable. Será mejor que sepamos lo que estamos haciendo. Hice esto una vez —solo una vez— durante mis veinticinco años en Westminster. Sucedió cuando algunos miembros vivían en flagrante pecado y sin arrepentirse. Lo peor que uno podría hacer es invocar la presencia de Dios y no estar enfrascado en la búsqueda de la verdad. Esto podría resultar en un juicio desde el trono de Dios. Según sucedieron las cosas, el efecto de que Pablo invocara la presencia de Dios tuvo como consecuencia que el hombre incestuoso recapacitara y se arrepintiera (2 Corintios 2:6–9). Cuando invoqué la presencia del Señor en Westminster, las personas hicieron a un lado su arrogancia y comenzaron a vivir vidas piadosas.

La cuestión es si estamos en la búsqueda de la verdad...sin importar a dónde nos conduzca.

Algunos de nosotros no queremos ver a un médico porque tenemos miedo de lo que podríamos descubrir acerca de nuestro condición física. Así que nos demoramos en ir al médico. ¡Pero con seguridad eso no está bien! Ciertamente deberíamos *querer* saber si algo anda mal.

Lo mismo ocurre con la búsqueda de la integridad. No comenzamos a alcanzarla hasta que hagamos lo necesario para llegar a la verdad sobre nosotros mismos, los demás, lo que enseñamos acerca de la Biblia, nuestra teología y cualquier otra cosa concerniente a un hecho verdadero que podamos descubrir. Esto significa ser imparcial, justos, elevándonos por encima de nosotros mismos y aceptando las opiniones de amigos y críticos con el fin de llegar a la verdad objetiva. El proceso puede ser extremadamente doloroso. Sin embargo, la libertad que sigue vale la vergüenza que podemos experimentar a lo largo del camino.

Pienso que mi experiencia mencionada anteriormente cuando era un niño de seis años de edad me ha hecho muy cauteloso con el paso de los años. Vi a mis compañeros nazarenos alzar sus manos en adoración, gritar y mostrar exteriormente su gozo en el Señor. Me sentí doblemente seguro de no manifestarme en la carne. Algunos podrían decir que he sido demasiado cauteloso, pero simplemente no quiero conformarme con menos de lo real.

Escribí un artículo hace unos años para *Ministry Today* titulado «Integridad auténtica».[2] Fue cuando el llamado Avivamiento de Lakeland estaba en progreso. Me sorprendió cómo una gran cantidad de personas se tragaron el anzuelo, la línea y la plomada. Muchas de ellas se lamentaron más tarde. En mi opinión, todo el asunto fue en gran parte un fraude. ¿Qué estaban pensando esas personas?

Vivimos en una época en que, al menos en algunos lugares, no hay ningún fundamento teológico por el cual juzgar lo verdadero y lo falso. La gente es arrastrada por todo viento de doctrina. «Mi pueblo fue destruido, porque le faltó conocimiento», dijo el profeta de la antigüedad (Oseas 4:6). Se trata de la falta de conocimiento de los caminos de Dios, su Palabra y su sabiduría, que ha resultado en la abundancia de tontos, excéntricos y charlatanes.

Mi amigo Kenny Borthwick, ministro escocés y un líder carismático capaz, dice que él a menudo mira la televisión cristiana a través de los ojos y los oídos de una persona no cristiana. Le dijo a su esposa: «Si no tuviera más conocimiento y juzgara al cristianismo por lo que veo en la televisión, honestamente pensaría que la fe cristiana solo tiene que ver con el dinero».

Uno de los peores desarrollos que han surgido en los Estados Unidos es el movimiento de crecimiento de la iglesia, diseñado para ayudar a las iglesias a crecer. Mientras que en la iglesia primitiva era el Señor quien añadía personas, hoy la manipulación humana, el ingenio y las técnicas de motivación se utilizan a menudo para lograr el crecimiento. La predicación expositiva ha sido ampliamente sustituida por la predicación motivacional. El énfasis en lo milagroso ha sido suplantado por la enseñanza de la prosperidad.

¿Puede Dios usar esto? Por supuesto que puede. Mi propia iglesia de trasfondo estaba lejos de ser perfecta, pero Dios la usó para salvarme a mí y a muchos otros.

«Mantén la gloria presente»

Antes mencioné que el Dr. Martyn Lloyd-Jones solía decirme: «No olvides tu trasfondo nazareno». Él me explicó por qué me había dicho esto. Acababa de leer una biografía del Dr. Phineas Bresee, el fundador de la Iglesia del Nazareno. Bresee sintió que los metodistas habían perdido la unción que una vez los hizo ser lo que eran, así que fundó el nuevo movimiento. El Dr. Lloyd-Jones me contó que al leer la biografía de Bresee percibió que había algo muy genuino con respecto a los primeros nazarenos. Ellos se encontraban en la parte inferior de la clase socioeconómica de los Estados Unidos. No contaban con personas adineradas ni altamente educadas. Tenían una sola cosa con ellos: *la presencia de Dios*. Bresee le llamó a esta «la gloria». En sus últimos años, él tuvo un mensaje que dar mientras iba de iglesia en iglesia: «Mantén la gloria presente». La «gloria», por la razón que fuera, se caracterizó continuamente por la gente gritando, corriendo, saltando y llorando. Esta fue la norma por un buen tiempo. Bresee sentía que si la iglesia perdía la «gloria», estaba acabada. Ellos se convirtieron en la denominación de más rápido crecimiento de los Estados Unidos en sus primeros años. Lo mejor del metodismo fue llevado a los nazarenos.

En cuanto al Avivamiento de Cane Ridge, que precedió a los nazarenos por más de cien años, el fenómeno fue muy parecido, aunque quizás más poderoso. Solo duró unos días, durante los cuales cientos de personas se desplomaron al suelo por el poder del Espíritu. Nadie las empujó, y nadie oró por ellas. Simplemente cayeron, permaneciendo en el suelo durante horas. No solo perdieron la vergüenza; algunos durante un tiempo perdieron la conciencia. Se temía que hubieran muerto. Sin embargo, después de unas horas, se levantaron gritando y llorando con todas sus fuerzas —desinhibidos— debido a la indudable seguridad de su salvación. El fenómeno de los gritos se extendió a las denominaciones de todo el sur; principalmente metodistas, bautistas, presbiterianos y discípulos de Cristo. Esto también se ha acabado hoy. Se podría decir que tales denominaciones han sido un tanto superadas por los movimientos pentecostales y carismáticos.

Problema: ¿cuán conscientes de nosotros mismos somos?

Hablé con algunos misioneros británicos hace unos años que habían presenciado un avivamiento genuino en África a mediados del siglo veinte. Ellos dijeron que una de las principales características del avivamiento fue que la gente dejó de sentir vergüenza por cómo se veía. Algunos golpeaban sus pechos con gran convicción de pecado, sin preocuparse de lo que otros pensaran.

Si estos informes de la presencia de Dios son válidos, resultan realmente interesantes. Cuando estamos en su presencia, dejamos de preocuparnos por lo que los demás piensan; cuando su presencia disminuye, nos volvemos muy conscientes de lo que piensa la gente. Esta es una buena regla de oro para saber si estamos viviendo en la presencia de Dios. Si estamos demasiado preocupados por lo que las personas opinan de nosotros —siempre mirando alrededor en busca de aprobación— es probable que esto sea una señal reveladora de que no estamos en la presencia de Dios como deberíamos. Mientras más sentimos su presencia, menos preocupados estamos por lo que la gente piensa.

La integridad y la presencia de Dios

Dos cosas están interconectadas cuando se trata la de integridad y la presencia de Dios. Primero, la integridad nos llevará a su presencia. En segundo lugar, la integridad nos mantendrá siendo honestos cuando se trata de evaluar si su verdadera presencia se está poniendo de manifiesto. En otras palabras: la integridad conduce a la presencia de Dios; la presencia de Dios conduce a la integridad. No obstante, una vez que la integridad, por alguna razón, empieza a disminuir, también la presencia de Dios comenzará a sentirse cada vez menos. El peor escenario es que si la presencia de Dios comienza a menguar poco a poco y no nos damos cuenta, entonces llegamos a ser como José y María, que continuaron caminando sin Jesús cuando pensaban que estaba con ellos.

Hay dos posibilidades si dejamos a Jesús atrás: o bien lo encontramos, o seguimos avanzando y nunca volvemos atrás.

Estoy pensando en algunos predicadores preeminentes que una vez demostraron gran poder en la predicación y la sanidad. Sin embargo, cuando la unción se disipó y estos ministros continuaron como si tal cosa no hubiera sucedido, el resultado fue a veces desastroso. Algunos terminaron cayendo en una mala conducta financiera, algunos en la inmoralidad sexual, y otros en el alcoholismo.

La integridad es *gobernada por la verdad, incluso cuando esto duela*. Esa es mi definición.

Según el salmista, un hombre intachable «cumple lo prometido aunque salga perjudicado» (Salmo 15:4, NVI). En los tiempos antiguos, el juramento hecho constituía el cenit de la seguridad; representaba el pináculo de lo que uno podía confiar que era cierto. ¡Una promesa podría ser quebrantada, pero nunca un juramento! Y no obstante el rey Saúl le hizo un juramento a su propia carne y sangre —su hijo Jonatán— y lo quebrantó (1 Samuel 19:6–10).

Jesús nos dijo que no juráramos por nada. Una persona hace un juramento para obtener credibilidad. Todos queremos que confíen en nosotros. Hacer un juramento asegura que se está diciendo la verdad, que una promesa se mantendrá. Jesús dijo eso con respecto al juramento por dos razones. En primer lugar, para mostrar su comprensión y aplicación del tercer mandamiento de no usar el nombre de Dios en vano. En segundo, porque siempre debemos decir la verdad sin tener que respaldar nuestras declaraciones con un juramento (Mateo 5:33–37). Ciertamente, debemos cumplir nuestros juramentos incluso cuando esto resulte doloroso, pero también debemos mantener *cualquier* palabra que pronunciemos incluso cuando nos pueda costar.

El fruto de la integridad

Entonces, debemos estar gobernados por la verdad incluso cuando duela. El fruto de la integridad implica cuatro cosas: (1) confiabilidad con el dinero, (2) pureza en la moralidad, (3) fiabilidad en la palabra, y (4) hambre de la verdad o los hechos.

1. Confiabilidad con el dinero

Jesús tenía más que decir sobre el dinero que acerca de cualquier otro tema. ¡John Wesley dijo que la última parte de una persona que se convierte es su billetera! Voltaire (1694–1778) señaló que cuando se trata de dinero, la religión de cada persona es la misma. O como decimos en Kentucky: «Cuando un amigo afirma: "Esto no tiene que ver con el dinero; es una cuestión de principios", sí se trata del dinero».

Ser íntegro en extremo con el dinero nos mantendrá fuera de muchos problemas. El amor al dinero es la raíz de todo mal (1 Timoteo 6:10), así que se requiere que cada servidor de Cristo demuestre una honestidad transparente con los asuntos de dinero.

La integridad no está a la venta. La persona que tiene integridad no puede ser comprada. Balaam fue un hombre con una apariencia externa de integridad. Él se jactó: «Aunque Balac me diese su casa llena de plata y oro, no puedo traspasar la palabra de Jehová mi Dios para hacer cosa chica ni grande» (Números 22:18). Eso sonaba muy impresionante. Sin embargo, no fue más que pura hipocresía. Balaam no le dijo a Balac que Dios ya le había hablado claramente desde el comienzo: «No vayas con ellos, ni maldigas al pueblo [Israel], porque bendito es» (v. 12). No solo eso; Balaam además puso de manifiesto su codicia por el dinero de Balac cuando dijo: «Os ruego, por tanto, ahora, que reposéis aquí esta noche, para que yo sepa qué me vuelve a decir Jehová» (v. 19). ¡Él esperaba que Dios cambiara su mente de alguna manera! Balaam intentó obtener dinero de Balac, pero Dios lo impidió (Números 23:1—24:14). Vencido por el amor al dinero, Balaam fue un personaje trágico y con el tiempo resultó muerto por la espada (Números 31:7).

Balaam estaba a la venta. El dinero no puede influenciar a la persona de integridad, pero se puede comprar a demasiada gente si el precio es adecuado. Incluso podría influir en lo que ellos afirman creer. Upton Sinclair (1878–1968) indicó: «Es difícil conseguir que un hombre entienda algo cuando su salario depende de que no lo comprenda».[3] Me pregunto cuántas personas de las iglesias o el ministerio cristiano mantienen sus puestos de trabajo siempre y cuando defiendan las políticas de la organización.

Mantener la integridad puede significar elegir el «camino menos transitado», como el poeta Robert Frost (1874–1963) dijera:

> Debo estar diciendo esto con un suspiro
> De aquí a la eternidad:
> Dos caminos se bifurcaban en un bosque y yo,
> Yo tomé el menos transitado,
> Y eso hizo toda la diferencia.[4]

Si tomar el camino menos transitado significa llegar a la verdad, eso es más precioso que el oro. «Sabiduría ante todo; adquiere sabiduría; y sobre todas tus posesiones adquiere inteligencia. Engrandécela, y ella te engrandecerá;

ella te honrará, cuando tú la hayas abrazado. Adorno de gracia dará a tu cabeza; corona de hermosura te entregará» (Proverbios 4:7–9).

2. Pureza en la moralidad

La integridad transparente y la pureza sexual van juntas. Las personas desean que sus líderes tengan sus apetitos sexuales bajo control. Los seguidores pueden o no ser tan disciplinados, pero ciertamente quieren que sus líderes lo sean. Justo o injusto, así son las cosas. Hay un precio que pagar por ser alguien importante. Aquellos de nosotros que estamos en público tenemos la responsabilidad de dar el ejemplo. «El precio de la grandeza es la responsabilidad», declaró Winston Churchill.[5] No obstante, hoy estamos viendo una escasez de grandeza en el horizonte, a un nivel casi inconcebible: en la iglesia, la política, el gobierno, la educación, la ciencia. Me temo que la gente irresponsable a menudo llega a la cima. Demasiadas personas que ocupan las primeras posiciones tienen una vida privada indisciplinada: matrimonios rotos, aventuras secretas, y falta de convicciones fuertes en lo que respecta a ser sexualmente puro. Esto se refiere también a la actividad heterosexual y homosexual. El concepto de un matrimonio monógamo heterosexual como la norma bíblica se ha desintegrado. Cada vez más niños son criados en hogares con un solo progenitor, y una de las consecuencias de esto es que crecen con una identificación sexual confusa.

Algunas personas que enfatizan los dones del Espíritu Santo (como en 1 Corintios 12:8–10) no parecen darse cuenta de que estos dones tienen poco o nada que ver con la integridad; es decir, uno puede estar desprovisto de integridad y todavía ver sus dones florecer. Es decepcionante que este pueda ser el caso, pero no debe sorprendernos, ya que los dones son «irrevocables», o como dicen algunas versiones, no se quitan (Romanos 11:29). Esto significa que la piedad o la integridad personal no entran en juego, lo cual explica cómo el rey Saúl profetizó por medio del Espíritu de Dios en su camino a matar a David (1 Samuel 19:23–24). Por extraño que parezca, las personas con dones extraordinarios deslumbran al público mientras que sus vidas privadas hacen que los ángeles se sonrojen. He hablado con individuos que ocupan una posición destacada en lo que respecta a ser predicadores televisivos famosos. Afortunadamente, hay algunas personas buenas en la televisión cristiana, pero resulta sorprendente descubrir cómo algunos que son sexualmente impuros aun así tienen ministerios exitosos.

Todos vamos a comparecer ante el tribunal de Cristo para dar cuenta de lo que hemos hecho, «lo bueno o malo» (2 Corintios 5:10, nvi). Un predicador metodista que habló mientras permanecía de pie sobre un árbol caído el primer domingo por la mañana del Avivamiento de Cane Ridge eligió 2 Corintios 5:10 como su texto. En ese servicio, cientos y cientos cayeron al suelo bajo el poder del Espíritu Santo. Me gustaría que tuviéramos las notas de su sermón. El hecho mismo de que un texto como ese se usara un día así de inolvidable y que el mismo Dios poseyera a las personas de tal forma muestra la urgencia y la importancia de tratar el tema del juicio final. He aquí la conclusión: todos tenemos que dar cuenta de las cosas que hayamos hecho mientras vivimos en el cuerpo.

En 1 Corintios 3:14–15 se incluye la promesa de que cuando las obras de un cristiano son probadas por el fuego y sobreviven, ese cristiano recibirá una recompensa, pero si las obras no sobreviven al fuego, el cristiano todavía será salvo, «pero como quien apenas se escapa atravesando un muro de llamas» (NTV). Todos los secretos se revelarán en ese día (Romanos 2:16). Si, por ejemplo, yo recibo una recompensa en el tribunal de Cristo, no se basará en cuán conocido era mientras estaba en la tierra, cuántos sermones prediqué, o cuántos libros escribí. Cualquier recompensa que obtenga estará directamente relacionada con el tipo de hombre que soy como padre, esposo y persona piadosa en mi vida privada y personal. Si usted recibe una recompensa, no será por cuánto dinero hizo, cuántas casas o autos poseía, o cuán popular era en su iglesia. La recibirá como un hombre, como una mujer. ¿Era fiel en su matrimonio? ¿Perdonaba a sus enemigos? ¿Era una persona agradecida o se quejaba por todo?

La presencia del Señor en el Avivamiento de Cane Ridge no se manifestó en ninguno de los dones del Espíritu Santo hasta donde sepamos. La presencia de Dios fluyó de la predicación que reflejaba la necesidad de estar bien con Dios en cada forma posible. El horror de no estar en buenos términos con Dios es lo que provocó el temor del Señor en muchos de los que cayeron al suelo. ¡No es de extrañar que estuvieran extasiados más allá de las palabras cuando se les dio la seguridad de ser salvos!

3. Fiabilidad en la palabra

Esto significa que lo que usted afirma es verdad, y que hará lo que dice. No exagera; es decir, no asegura que algo más que la verdad sea cierto. Tampoco promete hacer lo que sabe que no puede hacer. Por lo tanto, se puede confiar en que dice la verdad; también es posible contar con que mantendrá su promesa.

> Jehová, ¿quién habitará en tu tabernáculo? ¿Quién morará en tu monte santo? El que anda en integridad y hace justicia, y habla verdad en su corazón. El que no calumnia con su lengua, ni hace mal a su prójimo, ni admite reproche alguno contra su vecino. Aquel a cuyos ojos el vil es menospreciado, pero honra a los que temen a Jehová. El que aun jurando en daño suyo, no por eso cambia.
>
> —SALMO 15:1–4

Ser devoto significa ser como Dios. Es imposible que Dios mienta (Hebreos 6:18; Tito 1:2). Creemos que la Palabra de Dios es verdad; creemos que se puede confiar en que Él cumplirá su Palabra. Del mismo modo, las personas confían en que cumpliremos la palabra que le hemos dado.

Dado que la integridad significa estar gobernados por la verdad, incluso cuando duele, esto incluye lo que hablamos cada día, declarando la verdad, no diciendo mentiras. Desde que salimos del vientre de nuestra madre todos pronunciamos mentiras (Salmo 58:3). Es por eso que un niño no necesita ser entrenado para mentir, ¡pero todos necesitamos ser entrenados para decir la verdad antes de convertirnos! Sin embargo, una vez que nos entregamos a Cristo, que es la verdad (Juan 14:6), el «Espíritu de verdad» (v. 17) viene a morar en nosotros. ¡Esto significa que si caminamos en el Espíritu, solo hablamos la verdad, pero lo hacemos en amor! (Véase Efesios 4:15.)

Ser honestos en lo que decimos, transparentes en la conversación, hablando lo que es verdad, sin engañar... eso significa mostrar integridad en la palabra. No obstante, también lo es mantener su palabra cuando hace una promesa, cumplir sus compromisos, estar ahí cuando afirma que lo hará, pagar lo que aseguró que pagaría. Esto es integridad con las palabras.

Por otro lado, el diablo es un mentiroso, un asesino desde el principio y el padre de la mentira. Cuando miente, «expresa su propia naturaleza» (Juan 8:44, NVI). Satanás no tiene integridad, ni siquiera un rastro. Como Satanás es lo opuesto a Dios, que es bueno, piadoso, verdadero, amoroso y digno de alabanza, usted y yo debemos tratar de emular lo opuesto al diablo, que es malo, feo, odioso, hiriente, mentiroso y contraproducente.

4. Hambre de la verdad o los hechos

¿Cuánto queremos conocer la verdad? ¿Estamos dispuestos a hacer lo que se necesita para descubrir lo que es verdad? ¿Y qué tal si eso significa tener que abandonar ciertas perspectivas apreciadas que pueden o no ser ciertas? ¿Estamos dispuestos a que nuestra posición sea desafiada?

Tuve que tomar una decisión difícil hace algunos años cuando asumí una posición diferente sobre Hebreos 6:4–6. No había solo predicado, sino también puesto por escrito que estos versículos se refieren a la gente que no es verdaderamente salva: la posición reformada clásica. En el verano de 1982, llegué a la conclusión de que estos versos claramente se refieren a personas salvadas que se habían vuelto insensibles al Espíritu Santo y por consiguiente no podían ser renovadas para arrepentimiento. Tuve que hacer una decisión. ¿Debía hacer pública mi opinión de que se trataba de personas salvas? Sí, pero era una decisión difícil. Sin embargo, lo hice de inmediato. La renovación de la sunción era más importante que agradar a aquellos con la visión reformada.

Conozco gente que no estaría dispuesta a cambiar la posición que ya han tomado solo porque la han puesto por escrito. Temen dañar demasiado su reputación al admitir que podrían haber estado equivocados en el pasado. Esto no es ser humilde, y temo que tales personas probablemente nunca sean capaces de crecer teológicamente una vez que no den su brazo a torcer en cuanto a algún asunto. Caminar en el Espíritu no solo significa decir la verdad, sino que también quiere decir caminar en la luz. Caminar en la luz significa caminar hacia lo que puede ser una verdad no descubierta para nosotros. No es fácil retractarse de una opinión con la que nos hemos dado a conocer, pero la cuestión es: ¿qué es más importante para nosotros, un incremento de la unción que se nos ofrece si caminamos en la luz, o permanecer donde estamos para quedar bien?

No obstante, hay algo más, algo muy importante. Debemos llegar a la verdad, pero igualmente acceder a la gracia. La gracia significa pasar por alto las faltas. La gracia es conceder el perdón total. La gracia no guarda rencor (1 Corintios 13:5, NVI). Jesús estaba lleno de gracia y verdad (Juan 1:17). Algunos están llenos de verdad, pero no llenos de gracia. Algunos están llenos de gracia, pero faltos de verdad. ¿Es eso posible? Sí. Esto debe advertirnos que debemos aspirar a la gracia tanto como a la verdad. La consecuencia será la mansedumbre, una joya rara. Si somos mansos, le daremos la bienvenida a la crítica. No vamos a replicar o a defendernos agresivamente.

Palabras como «auténtico» y «verdadero» vienen a mi

mente. Alguien podría preguntarme sobre una determinada persona: «¿Es él (o ella) auténtico?». La gente quiere creer que sus héroes son genuinos. Reales. Que no se convertirán en el centro de un escándalo en algún punto del camino.

Hagamos todo en nuestro esfuerzo para ser auténticos y verdaderos viviendo con una integridad transparente.

La esencia de la integridad es un amor sincero a la verdad —cualquiera que sea o a donde quiera que conduzca— pero a la verdad con gracia. La prueba de la integridad es que haremos lo que sea necesario, iremos a donde debamos, y pagaremos el precio con el objetivo de llegar a la verdad que nos hace libres.

Allí es donde se encuentra la presencia de Dios, donde está la verdad.

Hace mucho tiempo que me impactaron las palabras de Pablo en cuanto a que alguien que cree una mentira, y por consiguiente perece, está destinado a no recibir «el amor de la verdad» a fin de poder ser salvado (2 Tesalonicenses 2:10–12). La cuestión es, ¿recibimos el amor de la verdad? En otras palabras, ¿amamos la *verdad* sea cual sea? Jesús dijo que si alguno de nosotros hace la voluntad del Padre, conocerá la verdad (Juan 7:17). Esta es la conclusión: ¿Es la verdad lo que queremos?

Las personas con integridad quieren la verdad más que nada en el mundo.

¿Qué ha pasado con la integridad?

Advertencia sobre la integridad

El peligro de la integridad es que uno puede llegar a volverse arrogante en lo que respecta a ella. La integridad por sí sola no garantiza un final feliz o bueno. La superioridad moral está siempre cerca para abrirse camino. Y es lo más difícil de ver en nosotros mismos, a pesar de lo fácil que es detectarla en otros.

Usted y yo debemos esforzarnos por mantener la integridad sin tomarnos tan en serio. La superioridad moral y la integridad no se llevan bien; la arrogancia que viene junto con la integridad es como una mosca muerta que le da al perfume «un mal olor», del mismo modo en que «pesa más una pequeña necedad que la sabiduría y la honra juntas» (Eclesiastés 10:1, NVI). Nunca olvide que la persona con el más alto nivel de integridad todavía tiene un corazón que es vil, engañoso y capaz de ser ofensivo. Tengamos esto en cuenta incluso cuando se trate de nuestros héroes.

Job es un buen ejemplo. Él era un hombre intachable, tan perfecto como alguien podría ser…¡por un tiempo! No obstante, cuando la presión aumentó, su superioridad moral comenzó a filtrarse a través de las grietas hasta que se volvió insoportable estar a su lado. Job les dijo a aquellos que se burlaban de él: «Jamás podré admitir que ustedes tengan la razón; mientras viva, *insistiré en mi integridad*. Insistiré en mi inocencia; no cederé. Mientras viva, no me remorderá la conciencia» (Job 27:5–6, NVI, énfasis añadido).

Esto es muy triste, pero afortunadamente Dios tuvo piedad de él y Job entró en razón. ¡Nunca olvide que esa superioridad moral resulta tan vil a los ojos de Dios como cualquier otra cosa que en nuestra opinión sea un pecado!

Mantener la integridad requiere que siempre busquemos la verdad y la gracia. Necesitamos ser conscientes de cuán superiores nos consideramos y cuán establecidos estamos en nuestros caminos al buscar la verdad. Eso debería mantenernos humildes. Si queremos llegar al fondo de las cosas, debemos ver nuestra pecaminosidad mientras nos mostramos receptivos a la verdad que puede sorprendernos. Hacemos esto, si es posible, para llegar a los hechos. Y no es suficiente con que lo hayamos hecho ayer; debemos hacerlo hoy.

La recompensa por la integridad es la presencia manifiesta de Dios. La recompensa por habitar en su presencia es la integridad. Es un buen trato si me preguntas.

CAPÍTULO 7

Símbolos de la presencia de Dios

Cuando vean el arca del pacto del SEÑOR
su Dios, y a los sacerdotes levitas que la llevan,
abandonen sus puestos y pónganse en marcha
detrás de ella. Así sabrán por dónde ir, pues
nunca antes han pasado por ese camino.
Deberán, sin embargo, mantener como un
kilómetro de distancia entre ustedes y el arca; no se acerquen a ella.
—JOSUÉ 3:3–4 (NVI)

Los cuales [los sacerdotes] sirven a lo que es
figura y sombra de las cosas celestiales, como
se le advirtió a Moisés cuando iba a erigir
el tabernáculo, diciéndole: Mira, haz
todas las cosas conforme al modelo que
se te ha mostrado en el monte.
—HEBREOS 8:5

DURANTE LA ERA de la ley mosaica (c. 1300 a. C. a 33 d. C.), Dios le proveyó a Moisés básicamente dos cosas: enseñanza y milagros. Se podría decir que esto es un anticipo de lo que llamamos la Palabra y el Espíritu. La

Palabra incluía la ley moral (los Diez Mandamientos), la ley ceremonial (cómo el pueblo de Israel debía adorar a Dios), y la ley civil (cómo el pueblo de Dios debía gobernarse a sí mismo). El Espíritu fue visto en cosas tales como el resplandor en el Sinaí, la espesa nube sobre el monte, el maná diario, y la guía sobrenatural por medio de la columna de nube y de fuego. La Palabra no era solo para la enseñanza del pueblo antiguo de Dios, sino también para nosotros hoy. «Porque las cosas que se escribieron antes, para nuestra enseñanza se escribieron, a fin de que por la paciencia y la consolación de las Escrituras, tengamos esperanza» (Romanos 15:4).

Una mezcla de la presencia y los símbolos de la presencia

Durante este período hubo una sorprendente combinación entre los símbolos y la presencia real de Dios. Los símbolos señalaban a la venida de Cristo y el Espíritu Santo —más de mil trescientos años más tarde— y la presencia real del Señor. Tales símbolos incluyeron el tabernáculo en general y las cosas del tabernáculo en particular: el pan, el candelabro, el Lugar Santísimo y el arca de la alianza.

> En la primera parte, llamada el Lugar Santo, estaban el candelabro, la mesa y los panes de la proposición. Tras el segundo velo estaba la parte del tabernáculo llamada el Lugar Santísimo, el cual tenía un incensario de oro y el arca del pacto cubierta de oro por todas partes, en la que estaba una urna de oro que contenía el maná, la vara de Aarón que reverdeció,

y las tablas del pacto; y sobre ella los querubines de gloria que cubrían el propiciatorio.

—Hebreos 9:2–5

Aunque Moisés les dio estos símbolos, Dios tenía una manera de revelarse de inmediato y directamente de vez en cuando. En otras palabras, estos símbolos apuntaron a la venida futura de Cristo y el Espíritu Santo, *pero* se produjo también un despliegue extraordinario de la presencia manifiesta de Dios en los días de Moisés y en varias ocasiones después. Así que mientras que cosas como el tabernáculo y el arca del pacto eran simbólicas para el cumplimiento futuro, Dios tuvo una forma de manifestarse en este período realmente asombrosa.

Durante el período de cuarenta años en el desierto, la presencia inmediata y directa del Señor se manifestó, como dije, por medio de la nube durante el día y el fuego por la noche. Los hijos de Israel recibieron estas manifestaciones sobrenaturales de la presencia de Dios principalmente para la orientación.

> Y cuando la nube se alzaba del tabernáculo, los hijos de Israel se movían en todas sus jornadas; pero si la nube no se alzaba, no se movían hasta el día en que ella se alzaba. Porque la nube de Jehová estaba de día sobre el tabernáculo, y el fuego estaba de noche sobre él, a vista de toda la casa de Israel, en todas sus jornadas.
>
> —Éxodo 40:36–38

A menudo pienso que tenemos una ocurrencia interesante en nuestros días… ¡de símbolos solamente! Ya sea que se trate de la quema de incienso en las iglesias más litúrgicas o del humo fabricado en los servicios de algunas iglesias carismáticas…¡hay una curiosa ausencia de la presencia real de Dios!

Algunas iglesias tienen imágenes de palomas. Otras iglesias muestran banderas ondeando, las cuales se asemejan al fuego desde una distancia. Sin embargo, muy a menudo los símbolos son todo lo que hay…solo símbolos.

Muchos creyentes anhelan que la verdadera presencia de Dios emerja en iglesias donde a menudo parece haber símbolos solamente. Sospecho que con la disminución de la verdadera presencia de Dios tiene lugar un aumento de los símbolos.

Símbolos: El tabernáculo

El tabernáculo —una tienda— en el desierto fue erigido bajo el liderazgo de Moisés. Y sin embargo, Moisés simplemente lo construyó según un plan divino. A pesar de lo creativo que Moisés pudo haber sido, no se le dio libertad para hacer lo que pensaba que era mejor, sino tuvo que seguir instrucciones. Todo lo que pertenece al tabernáculo —el arca, la mesa, el candelabro— requirió ser elaborado «conforme al modelo que te ha sido mostrado en el monte» (Éxodo 25:40). Después de todo, lo que Moisés hizo fue una «sombra» de lo que estaba en el cielo (Hebreos 8:5).

En otras palabras, lo *real* —o lo original— se encuentra en el cielo. Todo lo que había en la tierra era una copia de lo real. Lo que es más, el tabernáculo señalaba hacia adelante a dos hechos futuros: la venida del Señor Jesucristo y el Espíritu Santo. Todo lo que estaba en el tabernáculo señalaba a esto. Y ya que este libro se enfoca en la presencia de Dios, veamos cómo el tabernáculo apuntaba a estas cosas. Primero, había los dos compartimentos en el tabernáculo: el Lugar Santo y el Lugar Santísimo, también llamado el Santo de los santos. A veces se hace referencia al mismo como la tienda de reunión. Fue allí donde Dios se encontró con Moisés y le habló cara a cara (Éxodo 33:7–11).

El Lugar Santo

En la primera habitación, el Lugar Santo, se hallaba la mesa, el candelabro y el altar del incienso. Sobre la mesa estaba el pan, llamado el pan de la proposición o el pan de la presencia. Este pan lo comían los sacerdotes y una vez se le dio a David en medio de una emergencia cuando estaba huyendo (1 Samuel 21:6). El pan señalaba a Jesús, que se llamó a sí mismo el «pan de vida» (Juan 6:48). El pan también apuntaba a la Cena del Señor, en la que el pan es el cuerpo simbólico de Jesús. «De cierto, de cierto os digo: Si no coméis la carne del Hijo del Hombre, y bebéis su sangre, no tenéis vida en vosotros» (v. 53).

De hecho, la Cena del Señor —la Eucaristía, o la Santa Comunión— constituía la presencia simbólica de Dios. Los católicos romanos enseñan que el pan y el vino son literalmente el cuerpo y la sangre de Jesús una vez que el sacerdote proclama: «Este es mi cuerpo…Esta es mi sangre». A tal acto se le llama transubstanciación. A Martin Lutero se le ocurrió una idea a la que llamó consubstanciación: el pan y el vino están presentes junto al cuerpo y la sangre de Jesús. Ulrich Zwingli consideró la Cena del Señor solo como un *memorial* de la muerte de Jesús en la cruz. Juan Calvino creía que Jesús está *espiritualmente* presente en la Cena del

Señor cuando creemos esto por fe. En realidad, cuando por fe participamos del pan y el vino mientras Cristo está presente espiritualmente, puede haber un gran sentido de su presencia, de una manera que solo se promete al celebrar la Cena del Señor.

El hecho de que el preludio del Avivamiento de Cane Ridge tuvo lugar en una pequeña iglesia en Red River en Kentucky, justo al norte de la frontera entre Tennessee y Kentucky, tal vez no es muy conocido. El poder de Dios se manifestó en la Cena del Señor de una manera que llevó directamente al Avivamiento de Cane Ridge.

La Cena del Señor es tan sagrada que Dios envió su juicio sobre ciertos cristianos en Corinto debido a que participaban de ella «indignamente»; es decir, mostrando desprecio hacia ciertos miembros de la iglesia, de modo que Dios envió enfermedad y a veces la muerte a estos creyentes (1 Corintios 11:21–32).

En la primera habitación del tabernáculo también estaba el altar del incienso. Este debía estar encendido continuamente. Se encontraba ubicado junto a la cortina que separaba el Lugar Santo del Lugar Santísimo. El aroma atravesaba la cortina y se abría paso hacia el Lugar Santísimo, simbolizando así las oraciones del pueblo de Dios. Debemos orar de continuo delante de Dios, porque nuestras oraciones son un olor fragante para Él que fluye hasta su misma presencia. En el libro de Apocalipsis se nos dice que a un ángel «se le dio mucho incienso para añadirlo a las oraciones de todos los santos, sobre el altar de oro que estaba delante del trono. Y de la mano del ángel subió a la presencia de Dios el humo del incienso con las oraciones de los santos» (Apocalipsis 8:3–4). Esto es un recordatorio de que todas nuestras oraciones son especiales para Dios, y de que están guardadas en el cielo solo a fin de ser derramadas en su momento.

El candelabro de oro, la menorá, con sus siete brazos, es lo que ilumina el Lugar Santo. De lo contrario, los sacerdotes no podrían caminar en el tabernáculo por la noche. Jesús cumplió esto cuando dijo: «Yo soy la luz del mundo; el que me sigue, no andará en tinieblas, sino que tendrá la luz de la vida» (Juan 8:12).

El Lugar Santísimo

La segunda habitación es el Lugar Santísimo. Este representaba la presencia inmediata de Dios. Una cortina separaba el Lugar Santo del Lugar Santísimo, o Santo de los santos. En el Lugar Santísimo estaba el arca del pacto, que era el elemento más sagrado y temible de todos. Dentro del arca se encontraban las tablas de piedra sobre las cuales Dios escribió los Diez Mandamientos, un recipiente con maná y la vara de Aarón que floreció (Hebreos 9:3–4). Encima del arca había una lámina de oro llamada el propiciatorio. Solo un hombre, el sumo sacerdote, podía entrar en el Lugar Santísimo. Y esto se hacía solo una vez al año, en el Día de la Expiación. Una campana se ataba a su tobillo para que pudiera ser escuchado desde afuera. También se le ataba al tobillo una cuerda para poder arrastrarlo hacia fuera en caso de que muriera o resultara herido de muerte. El sumo sacerdote nunca entraba en el Lugar Santísimo sin la sangre de un animal. Él rociaba la sangre sobre el propiciatorio.

Cuando pensamos que el tabernáculo era una copia del verdadero tabernáculo en el cielo, esto constituye un recordatorio de que hay un propiciatorio celestial. Jesús entró en el cielo «por su propia sangre» (Hebreos 9:12) y la roció sobre el propiciatorio celestial. Fue en el propiciatorio que la expiación de Cristo tuvo efecto.

Cuando Moisés terminó la obra, Dios puso su sello en el tabernáculo. «Entonces una nube cubrió el tabernáculo de reunión, y la gloria de Jehová llenó el tabernáculo. Y no podía Moisés entrar en el tabernáculo de reunión, porque la nube estaba sobre él, y la gloria de Jehová lo llenaba» (Éxodo 40:34–35).

Esto es lo que quiero decir con respecto a la presencia *real* de Dios mezclada con los símbolos. El tabernáculo era un símbolo, todas las cosas en el tabernáculo eran símbolos, y sin embargo, Dios manifestó su presencia visible en el tabernáculo original. Él lo haría más tarde durante la dedicación del templo de Salomón. Cuando el arca fue llevada al templo, «la nube llenó la casa de Jehová. Y los sacerdotes no pudieron permanecer para ministrar por causa de la nube; porque la gloria de Jehová había llenado la casa de Jehová» (1 Reyes 8:10–11).

Por lo tanto, el arca era el más sagrado de todos los símbolos. Sin embargo, los israelitas necesitarían instrucciones concernientes al arca que les enseñarían a reverenciarla. El día que los hijos de Israel se prepararon para cruzar el Jordán hacia la Tierra Prometida, Josué les dio instrucciones. Les dijo que se mantuvieran separados del arca una «distancia como de dos mil codos; no os acerquéis a ella» (Josué 3:4). El arca no solo simbolizaba la presencia de Dios; también representaba la grandiosidad y la gloria del Señor. Una vez más, lo que era un símbolo de la presencia de Dios resultaba no obstante muy real: «Cuando los que llevaban el arca entraron en el Jordán, y los pies de los sacerdotes que llevaban el arca fueron mojados a la orilla del agua [...] las aguas que venían de arriba se detuvieron» (vv. 15–16). Los sacerdotes que llevaban el arca se pararon firmes en tierra seca en el medio del Jordán. Esto era una reminiscencia de los israelitas que cruzaron el mar Rojo sobre tierra seca. Todo Israel pasó junto al arca hasta que el pueblo completo terminó de cruzar el Jordán por tierra firme (v. 17).

Estas cosas indican que Dios no permitiría que el arca fuera «usada», es decir, manipulada. Los israelitas cometieron un gran error un día. Utilizaron el arca como un símbolo supersticioso, como si su presencia pudiera sustituir a la responsabilidad de las personas. Cuando perdieron cuatro mil soldados en batalla con los filisteos, concluyeron que la presencia del arca podría salvarlos. «Traigamos a nosotros de Silo el arca del pacto de Jehová, para que viniendo entre nosotros nos salve de la mano de nuestros enemigos. Y envió el pueblo a Silo, y trajeron de allá el arca del pacto de Jehová de los ejércitos, que moraba entre los querubines» (1 Samuel 4:3–4). Esto les dio a los israelitas un sentido prematuro de victoria. «Cuando el arca del pacto de Jehová llegó al campamento, todo Israel gritó con tan gran júbilo que la tierra tembló» (v. 5). Esto también produjo una desmoralización en los filisteos, pero fue algo temporal. Los filisteos pelearon e Israel perdió treinta mil soldados. Y no solo eso: el arca de Dios fue capturada (vv. 10–11).

Los israelitas no pudieron entenderlo. ¿Cómo podría sucederles esto? Si el arca no luchó por ellos, ¿qué esperanza tenían? Sin embargo, mientras el arca permaneció con los filisteos, el resultado fue desastroso para ellos. Su dios Dagón cayó postrado delante del arca. Y no solo eso, sino que también «la mano de Dios se había agravado» sobre los filisteos dondequiera que el arca iba (1 Samuel 5:3, 11). La consecuencia final fue que ellos la enviaron gustosamente de vuelta a Israel. No obstante, cuando esta llegó a Bet-semes, Dios hizo morir a los hombres, «porque habían mirado dentro del arca de Jehová» (1 Samuel 6:19). Considerando que el arca era un símbolo de la presencia de Dios, Él reaccionó de una manera que implicaba más que solo un símbolo. Cuando el rey David ordenó que la misma fuera llevada a Jerusalén, «Uza extendió su mano al arca de Dios, y la sostuvo; porque los bueyes tropezaban». De inmediato, el Señor lo hirió «y cayó allí muerto junto al arca de Dios». (2 Samuel 6:6–7).

Por lo tanto, aunque la ley y las cosas que vinieron con la ley, como el arca, eran solo sombras y no las realidades mismas, Dios nunca estuvo lejos. Sin embargo, cuando Jesús murió en la cruz, Él cumplió todas las cosas que la ley mosaica había introducido. El libro de Hebreos muestra cómo la muerte de Jesús fue un cumplimiento del Día de la Expiación. Cuando Jesús exclamó: «Consumado es» (Juan 19:30), quiso decir que la ley se había cumplido en nuestro nombre.

La presencia manifiesta de Dios

Posiblemente el sentido más extraordinario de la presencia de Dios de todos los tiempos tuvo lugar el Viernes Santo. Mientras Jesús clamaba: «Dios mío, Dios mío, ¿por qué me has desamparado?», las tinieblas cubrieron la tierra. Esto duró unas tres horas (Mateo 27:45–46). ¿Qué significaban las tinieblas? La presencia manifiesta de Dios. Se trataba de su gloria. Cuando Moisés estableció el Día de la Expiación, Dios dijo: «Di a Aarón tu hermano, que no en todo tiempo entre en el santuario detrás del velo, delante del propiciatorio que está sobre el arca, para que no muera; porque *yo apareceré en la nube sobre el propiciatorio*» (Levítico 16:2, énfasis añadido). Considere esto con atención: Dios mismo se aparecería en la nube. Recuerde que cuando el arca fue llevada al templo, la nube lo llenó. Los sacerdotes no podían realizar su servicio, porque la gloria del Señor llenaba el templo. Sin embargo, Salomón entonces dijo: «Jehová ha dicho que él habitaría en la oscuridad» (1 Reyes 8:12). Una nube oscura. Eso es lo que sucedió el Viernes Santo. Fue la afirmación divina de la cruz. Era el sello de Dios sobre la muerte de su Hijo. La oscuridad, la presencia manifiesta de Dios, llenó la tierra.

No obstante, hay más. La Fiesta de Pentecostés —que significa cincuenta días— tiene lugar anualmente para conmemorar la entrega de la ley. El Espíritu Santo descendió sobre los discípulos cincuenta días después de la muerte de Jesús. Como la muerte de Jesús significó el cumplimiento de la ley mosaica, así la llegada del Espíritu ratificó el cumplimiento de ella por parte de Jesús. «Si los guía el Espíritu, no están bajo la ley» (Gálatas 5:18, NVI).

El Espíritu Santo produciría un temor reverente hacia las cosas de Dios que Moisés y Josué enseñaron.

Las consecuencias de Pentecostés fueron resumidas así: «Y sobrevino temor a toda persona» (Hechos 2:43). Cuando Ananías y Safira le mintieron al Espíritu Santo y cayeron muertos, como los que profanaron el arca, «vino gran temor sobre toda la iglesia, y sobre todos los que oyeron estas cosas» (Hechos 5:11). Ellos estaban asustados. Todos lo estaban.

Dudo que la iglesia primitiva necesitara imágenes de palomas para recordar al Espíritu Santo. No era preciso quemar incienso. Los símbolos no son necesarios cuando Dios mismo está presente de forma manifiesta.

CAPÍTULO 8

Diversas manifestaciones de la presencia de Dios

Y oyeron la voz de Jehová Dios que se
paseaba en el huerto, al aire del día; y el hombre
y su mujer se escondieron de la presencia de
Jehová Dios entre los árboles del huerto.
—GÉNESIS 3:8

No os entristezcáis, porque el gozo
de Jehová es vuestra fuerza.
—NEHEMÍAS 8:10

JONATHAN EDWARDS CREÍA que cada generación tiene la responsabilidad de descubrir dónde el soberano Redentor se está moviendo, y entonces moverse en esa dirección. Asimismo, la tarea de todo hijo de Dios es descubrir en qué dirección está moviéndose el Espíritu Santo en nuestras vidas, y luego abrazar la manera en la cual Él elija revelar su presencia y dirección. Así como Dios puede o no repetir la forma precisa en que su gloria fue revelada a la iglesia en una generación anterior, también puede complacerle aparecerse en nuestras vidas de un modo que usted y yo no habíamos pensado ni remotamente. Ningún ojo ha visto, ni oído escuchado, las cosas que Dios ha preparado para aquellos que lo aman y esperan en Él (Isaías 64:4, 1 Corintios 2:9).

El hombre por el cual me pusieron mi nombre, el Dr. R. T. Williams, solía decirles a los predicadores: «Honren la sangre; honren al Espíritu Santo». Eso significaba honrar la sangre de Jesús —exaltando su poder— y reconocer la presencia del Espíritu Santo.

No todas las manifestaciones de la presencia de Dios son exactamente iguales. No todas las manifestaciones de su presencia son «lo mismo y lo mismo de siempre». Usted puede preguntarse: ¿Pero no dijo Dios: «Yo Jehová no cambio»? (Malaquías 3:6). ¿Y no afirma la Escritura que «Jesucristo es el mismo ayer, y hoy, y por los siglos»? (Hebreos 13:8). Absolutamente.

Sin embargo, a Dios le gusta mostrarse de formas impredecibles. Él es el mismo Dios, pero se manifiesta de maneras diversas. Hay razones para esto. Una de ellas es que nuestra fe es desafiada cuando Él se aparece de una forma en la que no se había mostrado antes. Si todas las manifestaciones fueran las mismas, no se le requeriría a la fe aceptar los caminos de Dios. Podríamos darlo por garantizado, ya sea que Él se manifestara como el cuarto hombre sin precedentes que se paseaba por el fuego dentro del horno (Daniel 3:25), o a través de un ángel cerrando la boca de los leones (Daniel 6:22). Según Hebreos 11, algunas personas por la fe «evitaron filo de espada» (v. 34), mientras que otros fueron «aserrados [...] muertos a filo de espada» (v. 37). Estas cosas opuestas se lograron por fe. Si Dios hubiera hecho lo mismo cada vez que decidiera manifestarse, no tendríamos necesidad de la fe. Algunos incluso podrían cansarse de lo sobrenatural. Esto es lo que sucedió con los hijos de Israel en el desierto. El maná era un alimento sobrenatural, y las personas se cansaron de él (Números 21:5). ¡Piense en eso, cansándose de lo sobrenatural! No crea que esto no podría sucederle a usted y a mí.

He predicado muchas veces en Gales y nunca he tenido un servicio aburrido allí. Me encanta predicar en Gales, sin embargo, a veces tengo la sensación de que hay algunos en ese país que creen que serían los primeros en reconocer el siguiente movimiento de Dios; piensan que sería del modo en que Él se apareció en el gran Avivamiento de Gales de 1904–1905. ¡En esa ocasión había poca predicación y mucho canto y muchas conversiones! Además, hubo evangélicos fieles que se opusieron al Avivamiento de Gales porque decían que era antibíblico. No obstante, se estima que ciento cincuenta mil personas se salvaron.

Durante el auge del avivamiento, incluso los bares cerraron y las cárceles estaban en gran parte vacías.

Solía disfrutar escuchando a la señora Martyn Lloyd-Jones describir cómo sucedieron las cosas. Ella tenía seis años y vivía en Londres, pero su padre la subió a un tren en Paddington, Londres, enviándola a Gales para que viera el mover de Dios…¡incluso sacándola de la escuela! Cuando lo criticaron por hacer eso, su padre respondió: «Ella siempre podrá ir a la escuela, pero nunca volverá a ver un avivamiento». El Avivamiento de Gales fue una manifestación indudable de la presencia de Dios. No obstante, Él puede o no manifestarse de esa forma otra vez.

Ciertamente, Dios puede manifestarse en el futuro de un modo sin precedentes. Y sin embargo, todas las manifestaciones de la presencia verdadera del Señor serán coherentes con las Escrituras aun si no hay una similitud exacta con ellas.

Es imposible saber cómo era la presencia de Dios —o la comunión con Él— antes de la caída en el Jardín del Edén. Adán y Eva disfrutaban de una comunión ininterrumpida con Dios antes de la caída. ¿Por cuánto tiempo? ¿Quién lo sabe? Pero ellos experimentaron la presencia del Señor Dios en el jardín de una manera en que tú y yo no podríamos hacerlo hoy.

La diferencia entre experimentar la presencia de Dios antes de la caída y experimentar su presencia en el cielo es esta: antes de la caída los humanos podían pecar, pero después de que somos glorificados, los creyentes serán incapaces de pecar. Usted puede recordar las cuatro etapas de la humanidad según Agustín: (1) antes de la caída fueron creados «capaces de pecar»; (2) después de la caída fueron «incapaces de no pecar»; (3) después de la conversión son «capaces de no pecar»; y (4) después de la glorificación serán «incapaces de pecar».

Entonces, ¿cuál es la diferencia entre la forma en que Adán y Eva experimentaron la presencia de Dios y la forma en que tú y yo podemos experimentarla? De eso trata este capítulo.

Conciencia del pecado

Adán y Eva escucharon «la voz» del Señor Dios (Génesis 3:8). ¡Me pregunto cómo fue eso! ¿Era su voz? Es probable. Literalmente, ellos escucharon al Señor Dios «que se paseaba en el huerto, al aire del día» (v. 8). Esa descripción es muy interesante. ¿Cómo era el «aire del día»? Parece algo perfecto. Sin embargo, el sonido los había avergonzado ahora que no habían mantenido la fe con su Creador. Dios dijo: «¿Dónde estás tú?» (v. 9). Era como si Él no los hubiera hallado donde normalmente estaban. ¿Cómo fue su «voz»? ¿Había cambiado? ¿Su voz sonaba enojada? ¿O triste? Solo sabemos que Adán y Eva se escondieron entre los árboles del huerto (v. 8). Ellos se sentían muy avergonzados.

Una cosa sí sabemos sobre el efecto de la presencia de Dios en Adán y Eva: cuando pecaron, sintieron vergüenza. Estaban desnudos antes de la caída sin ningún sentido de vergüenza o timidez, pero cuando pecaron, sintieron la necesidad de ocultarse de la presencia del Señor Dios entre los árboles del huerto. Su reacción muestra la conexión entre la presencia del Señor y la santidad. La presencia de Dios tendrá un efecto en nuestras vidas. Según Jesús, lo primero que hace el Espíritu Santo cuando viene al mundo es convencer del pecado, porque las personas no creen (Juan 16:7–9). Las personas por naturaleza nunca —jamás— verán su pecado. Solo el Espíritu Santo puede lograr que la gente sea consciente del pecado en su vida.

Isaías descubrió esto también. Cuando tuvo una visión de la gloria del Señor, el resultado fue una profunda convicción del pecado. «¡Ay de mí, que estoy perdido! Soy un hombre de labios impuros» (Isaías 6:5, NVI). Cuando Pedro vio cómo Jesús hizo que atraparan tantos peces, cayó de rodillas y exclamó: «Apártate de mí, Señor, porque soy hombre pecador» (Lucas 5:8).

Una lección que resulta de la historia de la Iglesia es esta: los santos más grandes siempre se consideraron a sí mismos como los mayores pecadores. Trágicamente, una de las omisiones más ominosas en la Iglesia de hoy es un sentido del pecado. Cuando el rey Josías leyó el libro de la ley, «rasgó sus vestidos» y dijo: «Grande es la ira de Jehová que se ha encendido contra nosotros, por cuanto nuestros padres no escucharon las palabras de este libro, para hacer conforme a todo lo que nos fue escrito» (2 Reyes 22:11–13).

No se puede producir este tipo de remordimiento; la presencia del Señor es la que lo logra.

Gozo

Sin embargo, como mencioné, Dios puede estar complacido de manifestarse de una manera diferente a las anteriores. El mismo David que dijo: «Lávame más y más de mi maldad, y límpiame de mi pecado» y «mi pecado está siempre delante de mí» (Salmo 51:2–3), también declaró: «En tu presencia hay plenitud de gozo» (Salmo 16:11).

En los días de Nehemías, cuando «todo el pueblo lloraba oyendo las palabras de la ley», Nehemías intervino para decir: «Id, comed grosuras, y bebed vino dulce [...] porque día santo es a nuestro Señor; no os entristezcáis, porque el gozo de Jehová es vuestra fuerza» (Nehemías 8:9–10). Entonces los levitas calmaron a todo el pueblo, diciendo: «Callad, porque es día santo, y no os entristezcáis» (v. 11).

Dios no quiere que nos golpeemos y castiguemos de continuo por nuestro pecado. Él se siente muy disgustado cuando no reconocemos nuestro pecado (1 Juan 1:8), y nos dice que no debemos pecar (1 Juan 2:1). Sin embargo, tan pronto lo hace, añade: «Si alguno hubiere pecado, abogado tenemos para con el Padre, a Jesucristo el justo. Y él es la propiciación por nuestros pecados» (vv. 1–2).

¿Es posible tener una convicción del pecado y un gran

sentido de gozo simultáneamente? Sí. El pecado es puri-
ficado cuando andamos en la luz (1 Juan 1:7). El resultado:
gozo. La convicción del pecado puede preceder al gozo, sí,
pero el sentido del pecado coexiste junto con el conocimiento dichoso de que Dios nos ha aceptado en nombre de
su Hijo. No superamos el sentido del pecado simplemente
porque tenemos el gozo del Señor. Los dos estados aparen-
temente opuestos son la norma de la vida cristiana. El gozo,
por lo tanto, se vuelve incalculable.

Job podía decir: «Me retracto de lo que he dicho, y
me arrepiento en polvo y ceniza», mientras que al mismo
tiempo se sentía sobrecogido por el conocimiento de que
«no es posible frustrar ninguno de tus planes [de Dios]»
(Job 42:2, 6, niv). O como John Newton lo expresó en su
poema, «In Evil Long I Took Delight» [En el mal tiempo
me deleito]: «Con dolor agradable y gozo triste, mi espíritu
ahora está lleno; debería tal vida destruir, pero vivo por el
que maté».

¿Cómo puede uno tener un dolor agradable o un gozo
triste? Escuche a Isaías:

> Porque no contenderé para siempre, ni para siempre
> me enojaré; pues decaería ante mí el espíritu, y las
> almas que yo he creado. Por la iniquidad de su co-
> dicia me enojé, y le herí, escondí mi rostro y me in-
> digné; y él siguió rebelde por el camino de su corazón.
> He visto sus caminos; pero le sanaré, y le pastorearé,
> y le daré consuelo a él y a sus enlutados; produciré
> fruto de labios.
>
> —Isaías 57:16–19

También lea un salmo que David escribió: «Porque un momento será su ira, pero su favor dura toda la vida. Por la noche durará el lloro, y a la mañana vendrá la alegría» (Salmo 30:5).

Dios obtiene nuestra atención convenciéndonos de nuestro pecado, pero no nos deja en ese estado sin venir a nuestro rescate. Habiendo dicho: «Mi pecado está siempre delante de mí», David no duda en añadir: «Purifícame con hisopo, y seré limpio; lávame, y seré más blanco que la nieve. Hazme oír gozo y alegría, y se recrearán los huesos que has abatido» (Salmo 51:3, 7–8). Una convicción continua del pecado es paralela al gozo del Señor.

¿Qué es el gozo del Señor? ¡Es dos cosas: (1) la propia alegría del Señor, lo que Él siente, y (2) la alegría que sentimos al ver su gozo sobre nosotros! Es como dice Juan 5:44: obtenemos nuestro gozo de saber que hemos buscado la alabanza de Dios, no la de las personas, y de conocer cuánto esto le agrada a Él. Del mismo modo, el Espíritu del Señor estaba en Jesús, que vino a «consolar a todos los enlutados; a ordenar que a los afligidos de Sion se les dé gloria en lugar de ceniza, óleo de gozo en lugar de luto, manto de alegría en lugar del espíritu angustiado» (Isaías 61:2–3, véase Lucas 4:18).

El segundo fruto del Espíritu que Pablo enumera es el gozo: «El fruto del Espíritu es amor, gozo...» (Gálatas 5:22). Los discípulos estaban «llenos de gozo y del Espíritu Santo» (Hechos 13:52). «El reino de Dios no es comida ni bebida, sino justicia, paz y gozo en el Espíritu Santo» (Romanos 14:17). «Ustedes lo aman a pesar de no haberlo visto [a Cristo]; y, aunque no lo ven ahora, creen en él y se alegran con un gozo indescriptible y glorioso» (1 Pedro 1:8, NVI).

Temor

Por extraño que parezca, una de las principales manifestaciones de la presencia de Dios es el temor, el temor del Señor. Mientras que «temer a los hombres resulta una trampa» (Proverbios 29:25, NVI), el temor del Señor es el principio del conocimiento, la sabiduría y la inteligencia (Proverbios 1:7; 9:10). Y sin embargo, este tipo de temor es una elección de nuestra parte. Aquellos que no «escogieron el temor de Jehová» fueron los que heredaron la tribulación y la angustia (Proverbios 1:26–29).

No obstante, ha habido momentos en que el temor del Señor no representaba una opción por parte de las personas, sino la elección soberana de Dios de manifestar su presencia. La palabra griega para temor es *probos*, de la cual obtenemos nuestra palabra *fobia*. *Phobos* puede traducirse como «temor» o, más en nuestros días, «sobrecogimiento», «asombro» o «sorpresa». Cuando Zacarías, que había sido mudo debido a su incredulidad (Lucas 1:20), habló de repente, todas las personas «se llenaron de temor» (v. 65, NVI). Cuando Jesús sanó a un hombre y luego le perdonó sus pecados, «todos, sobrecogidos de asombro, glorificaban a Dios; y llenos de temor, decían: Hoy hemos visto maravillas» (Lucas 5:26). Cuando Jesús terminó de pronunciar su Sermón del Monte, «las multitudes se asombraron de su enseñanza» (Mateo 7:28, NVI). Estoy intrigado de que Jesús pudiera producir una sensación de asombro y temor con su enseñanza tan fácilmente como cuando realizaba un milagro.

Si la tristeza por el pecado y el gozo inexpresable parecen contradictorios, he aquí otra paradoja: el temor y el gozo al mismo tiempo. Eso es lo que los discípulos experimentaron la mañana de la resurrección de Jesús. Las mujeres dejaron la tumba «con temor y gran gozo» (Mateo 28:8). ¿Cómo puede uno estar lleno de alegría y temor a la misma vez? Respuesta: si se trata del temor de la presencia del Señor más que del miedo carnal, es posible. Hay un miedo que debe ser desechado. Pablo le dijo a Timoteo que Dios no nos ha dado un espíritu de temor (que también puede traducirse como timidez o cobardía), sino de poder, amor y dominio propio (2 Timoteo 1:7).

El temor del Señor es muy diferente al temor humano o la ansiedad. El temor del Señor es tanto gozoso como aterrador. Aterrador porque sentimos cuán real es Dios y sabemos que la Biblia es verdadera. Hay un cielo. Hay un infierno. Dios es un Dios de justicia e ira. Nada da más miedo que eso. Y sin embargo, al mismo tiempo, encontramos estas realidades liberadoras y emocionantes, porque el temor de Dios trae con él la paz y la comprensión. Durante el ministerio terrenal de Jesús, esta verdad surgió con frecuencia. «Y todos tuvieron miedo, y glorificaban a Dios, diciendo: Un gran profeta se ha levantado entre nosotros; y: Dios ha visitado a su pueblo» (Lucas 7:16).

Parte de las consecuencias del Día de Pentecostés fue que «sobrevino temor a toda persona» (Hechos 2:43). Cuando Ananías y Safira cayeron muertos en el lugar por mentirle al Espíritu Santo, «vino un gran temor sobre todos los que lo oyeron» (Hechos 5:5). En realidad, «vino gran temor sobre toda la iglesia, y sobre todos los que oyeron estas cosas» (v. 11).

No dudo que esto sea lo que haya caracterizado a la congregación en Enfield, Connecticut, el 8 de julio de 1741, cuando Jonathan Edwards predicó su sermón «Los pecadores en las manos de un Dios enojado». Mientras Edwards explicaba el castigo eterno y decía que era por la «misericordia de Dios» que la gente no estaba en el infierno justo entonces, las personas comenzaron a aferrarse a los bancos de la iglesia para evitar deslizarse hacia el infierno. Se vio a hombres fuertes agarrándose a los troncos de los árboles para evitar caer en el infierno.

Sanidad

Una manifestación de la presencia de Dios puede ser llamada una presencia sanadora. Aprendí esto del ministro Paul Cain. Él me decía: «Existe una cosa tal como una presencia sanadora». Nunca había oído describir una manifestación de la presencia de Dios de esa forma nunca antes, a pesar de que puede encontrarse en las Escrituras. Lucas 5:17 dice: «Aconteció un día, que él [Jesús] estaba enseñando, y estaban sentados los fariseos y doctores de la ley, los cuales habían venido de todas las aldeas de Galilea, y de Judea y Jerusalén; y el poder del Señor estaba con él para sanar». Tal presencia es dada de forma soberana. Los seres humanos no pueden hacer que suceda. Mi amigo Paul experimentó la presencia de Dios de esta manera hace mucho tiempo, en los años 1951–1953, cuando estaba al principio de sus veintitantos. Él explico que la unción de sanidad se desvaneció después de esos años, pero que muchos de aquellos que oraban por los enfermos nunca admitirían que la unción se había disipado y seguían afirmando que las personas eran sanadas, cuando con frecuencia lo estaban inventando. Sin embargo, cuando la «presencia sanadora» venía, dijo Paul, «prácticamente cada persona enferma era sanada. Toda la gente casi podía beberla». No era inusual ver a las personas levantarse de sus sillas de ruedas, y muchos con poliomielitis eran sanados (eso fue antes de que llegara la vacuna Salk). La curación de casi toda enfermedad, desde el cáncer hasta el bocio, era algo frecuente.

Dios es soberano. Él le dijo a Moisés: «Tendré misericordia del que yo tenga misericordia, y me compadeceré del que yo me compadezca» (Éxodo 33:19; Romanos 9:15). Dios decide. Él decide quién será la siguiente persona que se salvará (Juan 3:8). Él decide quién será curado. La oración de fe sana a los enfermos (Santiago 5:15). La oración de fe está presente o no lo está. No podemos provocar esto; no podemos hacer que cosas así sucedan. Dios nos da la fe; la fe es el don de Dios. Podemos o no apreciar este aspecto de la soberanía de Dios, pero este hecho del carácter de Dios necesita ser recordado en nuestros días. Está muy lejos del pensamiento de aquellos que presumen de que pueden exigir que Dios haga las cosas o de que tienen derecho a ellas. Una de las maldiciones de nuestra época es un sentimiento de tener derecho. Está presente en el mundo, y en la iglesia también. La creencia en la soberanía de Dios prácticamente ha desaparecido de ciertos lugares en la iglesia. En cambio, necesitamos acudir a Dios de rodillas por «misericordia» (Hebreos 4:16). El hombre con lepra entendía la soberanía de Dios. Él le dijo a Jesús: «Señor, *si quieres*, puedes limpiarme» (Mateo 8:2). Una presencia sanadora se estableció. «*Quiero*; sé limpio», dijo Jesús (v. 3, énfasis añadido). Inmediatamente, el hombre fue curado.

Jesús pudo autorizar una presencia sanadora remotamente cuando le prometió a un centurión romano: «Yo iré y le sanaré», refiriéndose al criado del centurión. El centurión respondió: «Señor, no soy digno de que entres bajo mi techo; solamente di la palabra, y mi criado sanará» (Mateo 8:7–8). Este hombre reveló su fe en el poder soberano de Jesús afirmando que Él no necesitaba ir al lado del enfermo, que podía sanarlo desde donde se encontraba. Alabando la fe del centurión, Jesús le dijo: «Ve, y como creíste, te sea hecho» (v. 13). Y su criado fue sanado en aquella misma hora.

Todas las personas a las que Jesús sanó, curó, liberó y ayudó de alguna forma en los Evangelios —o los discípulos más tarde en el libro de Hechos— pueden encontrar su explicación en la presencia sanadora soberana del Espíritu Santo.

Oración

Algunos discípulos de Juan el Bautista le preguntaron a Jesús: «¿Por qué nosotros y los fariseos ayunamos muchas veces, y tus discípulos no ayunan? Jesús les dijo: ¿Acaso pueden los que están de bodas tener luto entre tanto que el esposo está con ellos? Pero vendrán días cuando el esposo les será quitado, y entonces ayunarán» (Mateo 9:14–15). Al decir esto, Jesús estaba profetizando que Él regresaría al cielo de donde vino. Ciertamente, esta profecía se cumplió cuando Jesús ascendió al cielo.

Lo primero que hicieron sus discípulos después de que ascendiera fue reunirse en un aposento alto. Como dije antes, no sabemos con seguridad si ayunaron. No obstante, una cosa es cierta: ellos oraron. Su período de espera resultó ser una reunión de oración. «Todos éstos perseveraban unánimes en oración y ruego» (Hechos 1:14). Usted puede haber pensado que después de que el Espíritu Santo cayó sobre los ciento veinte discípulos no necesitaban orar más, pero eso estaría equivocado. La oración se volvió más especial que nunca ahora que el Novio les había sido quitado. La primera descripción de la iglesia primitiva después de Pentecostés los muestra haciendo cuatro cosas: enseñar, tener comunión, partir el pan (la Cena del Señor) y orar (Hechos 2:42).

Una bienvenida manifestación del Espíritu del Señor implica un consenso, o acuerdo, del pueblo de Dios a orar. Usted puede llamarle a esto una presencia de oración, una época en que las personas no quieren hacer otra cosa más que orar. ¿Alguna vez se ha sentido así?

Describiré dos tipos de presencia de oración. La primera, cuando se planifica. La iglesia primitiva tenía un tiempo específico en el que oraban. Pedro y Juan estaban en camino al monte del templo a la «hora novena», porque era la de «la oración» (Hechos 3:1). Este tiempo de oración fue establecido sin duda por los apóstoles. Segundo, cuando es no planificada y espontánea. Tan pronto como los discípulos fueron liberados del Sanedrín, habiendo sido advertidos de no hablar o enseñar en el nombre de Jesús, «alzaron unánimes la voz en oración a Dios» (Hechos 4:24, NVI). Este tipo de oración estalló de nuevo cuando pareció que el rey Herodes iba a matar a Pedro. Él había sido mantenido en prisión, «pero la iglesia hacía sin cesar oración a Dios por él» (Hechos 12:5). No hay nada como una emergencia para precipitar una presencia de oración.

Cualquier tipo de oración —planificada o no planificada— resulta eficaz. La oración honra a Dios; Dios honra la oración. La oración planificada podría incluir nuestro tiempo de quietud diario. Tengo una advertencia para usted: si no *planea* darle a Dios una cierta cantidad de tiempo cada día, es probable que nunca llegue a hacerlo. La oración espontánea viene cuando de repente, posiblemente en el último minuto, siente la necesidad de dejar todo a un lado y orar.

La oración es de vital importancia para la persona que está en el ministerio a tiempo completo. La necesidad de diáconos en la iglesia primitiva surgió para que los apóstoles pudieran persistir «en la oración y en el ministerio de la palabra» (Hechos 6:4). Considere el orden: pasaron un tiempo en oración primero, luego llevaron a cabo el ministerio de la Palabra. No es bueno cuando las personas en el ministerio se apresuran a dedicarse a la enseñanza o la predicación antes de que hayan pasado un tiempo a solas con Dios. Para muchos de nosotros, la oración recibe nuestra atención en último lugar. Sin embargo, esta debe venir primero. Un día Pedro subió a una azotea a orar (Hechos 10:9). Poco sabía él que tendría una visión que podía resultar en que el evangelio fuera llevado a los gentiles.

Lo maravilloso de dedicar un tiempo a orar es que nunca sabes lo que puede suceder. Ya se trate de un tiempo establecido o espontáneo, debemos aprovechar cualquier momento para orar. El menor impulso a orar resulta de una presencia de oración. Aférrese a ella. Siga adelante. A menudo, cuando la gente dice: «Por favor, oren por mí», les respondo: «Vamos a orar ahora»…y lo hago. Orar nunca es tiempo perdido.

Luego de un servicio en mi vieja iglesia en Ashland un jueves por la noche en abril de 1956, tres hombres le dijeron a Billy Ball, un miembro del personal de la iglesia: «No queremos ir a casa; nos gustaría quedarnos aquí para orar». Él respondió: «Yo me siento de la misma manera. Me uniré a ustedes». Ellos oraron desde alrededor de las diez de la noche hasta las tres de la mañana. No hablaron unos con otros, solo con Dios. El siguiente viernes en la noche, cuando estaba programado que Billy Ball hablara, uno de los hombres que había orado por horas antes se levantó para dirigirse a la congregación. Su charla espontánea duró varios minutos, y entonces Billy Ball se levantó para hablar. Fue una noche histórica, un punto de inflexión para esa iglesia y, según resultó, un acontecimiento que cambió mi vida (aunque me encontraba en Trevecca, a unas cuatrocientas millas [alrededor de seiscientos cuarenta kilómetros] de distancia). Y todo empezó con un fuerte sentimiento de que estos hombres debían orar. Nada más…solo orar.

Juicio

El relato antes mencionado de Ananías y Safira mintiéndole al Espíritu Santo trajo una gran sensación de temor, pero esta ocasión constituyó también una demostración del Señor apareciéndose para juzgar.

Una presencia de juicio del Señor estaba en efecto también cuando ciertas personas en Corinto se sintieron enfermas y débiles, y algunas murieron. Pablo le llama explícitamente a esto «juicio» (1 Corintios 11:34, nvi). Ellos habían abusado de la Cena del Señor al faltarle el respeto a la gente pobre que no pudo llegar desde sus casas al servicio de la iglesia tan pronto como los cristianos más acomodados. En lugar de esperar por ellos, la mayoría se adelantó y dejaron a las personas pobres fuera por completo. Dios se puso en acción y mostró su disgusto. Algunos cristianos en Corinto fueron afligidos por enfermedades e incluso hubo muertes prematuras. Estas personas eran claramente cristianos verdaderos. El juicio demostró que no serían «condenados con el mundo» (v. 32). Y sin embargo, la presencia de juicio del Señor no está solo en operación cuando las personas pecadoras son verdaderamente salvadas.

Cuando tenía quince años, me encontraba en un servicio en el que creía que el Espíritu Santo indicaba una presencia de juicio. El Dr. W. M. Tidwell, de ochenta años de edad, era el evangelista invitado en nuestra iglesia de Ashland. Durante la llamada del altar, el Dr. Tidwell dijo algo que no había escuchado antes, y no he oído desde entonces: «Alguien aquí está recibiendo su última llamada». Él se negó a terminar el servicio y le entregó la dirección al pastor, que tampoco dio por finalizado el servicio. La gente solo se levantó y lentamente se marchó a sus hogares. Durante el servicio, una adolescente llamada Patsy se estaba burlando. Mi madre lo recordaba bien y se preguntaba en ese momento si Patsy era la persona que el Dr. Tidwell tenía en mente. Muchos se acuerdan del gran sentido de temor que les sobrevino a todos en la iglesia ese día.

Al día siguiente, alrededor de las cinco, mientras regresaba a casa de repartir los periódicos, mi madre dijo:

—¿Te enteraste de lo de Patsy?

—No, ¿qué quieres decir?

—Un auto la atropelló.

Un auto no respetó la señal de pare y fue chocado por un coche que se acercaba y luego golpeó a Patsy, quien murió instantáneamente. El efecto de esas circunstancias han vivido conmigo hasta el día de hoy. Sí, la presencia de juicio de Dios se había manifestado en el servicio el día anterior.

Alabanza

¡A veces solo queremos alabar al Señor! El Espíritu Santo nos atrapa y el resultado es una alabanza espontánea a Dios. Alabar a Dios no solo es fácil, sino que parece natural. No es algo que tenemos que forzar, sino que fluye.

Tal presencia de alabanza tuvo lugar varias veces durante el ministerio terrenal de Jesús. Cuando Jesús entró en Jerusalén montado en un burro, una gran multitud de personas extendieron sus mantos y ramas en el camino. Las multitudes iban delante de Él, y otros lo seguían y gritaban: «¡Hosanna al Hijo de David! ¡Bendito el que viene en el nombre del Señor! ¡Hosanna en las alturas!» (Mateo 21:9). Incluso los niños estuvieron involucrados en esa alabanza (v. 16). Esto ofendió a los fariscos. Alabar al Señor Jesucristo de una manera ruidosa y espontánea siempre ofende a las personas que se consideran superiores moralmente. Los fariseos le dijeron a Jesús: «Maestro, reprende a tus discípulos» (Lucas 19:39). Él respondió: «Si éstos callaran, las piedras clamarían» (v. 40).

Pregunta: ¿Por qué Dios concedió una fuerte presencia de alabanza en un acontecimiento que no significaría nada dentro de unos cuantos días? Respuesta: La gente lo necesitaba. Dios conoce el final desde el principio. Y para nuestro bien concede el tipo de manifestación que necesitamos en ese momento. Él «no quitará el bien a los que andan en integridad» (Salmo 84:11).

La alabanza ruidosa y estridente a Dios tiene una larga historia. Las personas olvidan esto hoy en día. Cuando se dedicó el muro de la antigua Jerusalén en los días de Esdras, celebraron «con alabanzas y con cánticos, con címbalos, salterios y cítaras» (Nehemías 12:27). «El alborozo de Jerusalén fue oído desde lejos» (v. 43).

Este tipo de alabanza estalló con frecuencia en los primeros días de la iglesia. «Y perseverando unánimes cada día en el templo, y partiendo el pan en las casas, comían juntos con alegría y sencillez de corazón, alabando a Dios, y teniendo favor con todo el pueblo» (Hechos 2:46–47).

Sin embargo, alabar a Dios no siempre es fácil. Esta es la razón por la que el escritor habla de «sacrificio de la alabanza» (Hebreos 13:15), de alabar a Dios cuando uno no se siente inclinado a ello. No espere hasta que sea «guiado» a alabar, o hasta que le resulte espontáneo y fácil; hágalo cuando se sienta deprimido, terrible, y no tenga ningún sentido de la presencia de Dios. Este es un buen momento para alabar a Dios. Y puedo decirle que a menudo le sigue un sentido de la presencia de Dios. ¡Hágalo y descúbralo por usted mismo!

Percepción

Para ser sincero, la percepción es posiblemente el tipo de manifestación que significa más para mí. Vivo por un despliegue de la verdad de las Escrituras que no he visto antes. Casi nunca leo un comentario al preparar un sermón. (Los reviso si me quedo atorado o después de que el sermón esté terminado... ¡para estar seguro de que no me he apartado demasiado del tema!).

La percepción puede venir en los tiempos de quietud. En mi caso, puede llegar cuando estoy preparando un sermón o cantando un himno. En otras palabras, puede presentarse en cualquier momento y en cualquier lugar, cuando estoy pescando o incluso cuando veo la televisión.

Escribí algunos capítulos importantes de mis libros *El aguijón en la carne* y *The Sensivity of the Spirit* [Sensibilidad del Espíritu] mientras me encontraba disfrutando de la pesca deportiva en Cayo Largo. Mi entendimiento de 1 Samuel 16:1 —«Dijo Jehová a Samuel: ¿Hasta cuándo llorarás a Saúl, habiéndolo yo desechado para que no reine sobre Israel? Llena tu cuerno de aceite, y ven, te enviaré a Isaí de Belén, porque de sus hijos me he provisto de rey»— llegó en una fracción de segundo. En un instante vi al hombre de ayer (Saúl), el hombre de hoy (Samuel) y el hombre de mañana (David). Esta percepción se convirtió en el fundamento de mi libro *La unción*. ¡En realidad se presentó cuando apenas podía esperar para salir a pescar! Créame, la percepción puede presentarse en cualquier momento. En otra ocasión, una percepción necesaria se manifestó al buscar mi maleta en el compartimiento sobre mi cabeza cuando nos preparábamos para salir de un avión.

Sorpresa

Dios tiene una manera de interrumpir nuestros planes. Esto ocurrió cuando Pedro y Juan estaban en camino al tiempo de oración antes mencionado a las tres de la tarde.

No obstante, en su viaje al templo se detuvieron cuando se encontraron con un mendigo que estaba discapacitado, un hombre que nunca había caminado en su vida. «Míranos», le dijo Pedro (Hechos 3:4). Él luego añadió: «No tengo plata ni oro, pero lo que tengo te doy; en el nombre de Jesucristo de Nazaret, levántate y anda» (v. 6). El hombre fue sanado al instante (v. 7). Yo diría que esta fue una interrupción muy feliz.

El Dr. Martyn Lloyd-Jones me contó cómo llegó a escribir su libro *Depresión espiritual* (uno de sus mejores libros, pero menos conocido). «Había planeado comenzar mi serie de sermones sobre el libro de Efesios. Mientras me estaba vistiendo para ir a la iglesia, con solo un tirante colocado sobre el hombro, el Señor habló: "No debes comenzar tu serie sobre Efesios. Debe comenzar una serie sobre la depresión espiritual". Luego me dio los primeros cinco temas, y agarré un pedazo de papel y los anoté tan rápido como pude».

Una de mis percepciones más sorprendentes vino cuando estaba conduciendo la Cena del Señor un domingo por la tarde en la Capilla de Westminster. Elegí el pasaje que incluía estas palabras acerca de Judas Iscariote: «Bueno le fuera a ese hombre no haber nacido» (Mateo 26:24). En un instante percibí lo que no había pensado antes: esto refuta la aniquilación con respecto al castigo eterno. La aniquilación significa que la persona está totalmente aniquilada, como si nunca hubiera nacido. Si Judas pudiera ser aniquilado, Jesús no hubiera dicho eso; tal cosa significaría que Judas no sufriría el castigo eterno de manera consciente. No obstante, él *había* nacido, y sería consciente de su traición a Jesús por toda la eternidad.

Expectación

A veces Dios concede una presencia de expectación, un fuerte sentido de esperanza de que algo muy bueno está por llegar. El Nuevo Testamento habla de la esperanza como un sentido de expectación que nos permite saber que no seremos decepcionados. «La «esperanza no nos defrauda», dijo Pablo, porque nos ha sido dado el testimonio inmediato y directo del Espíritu Santo (Romanos 5:5, NVI).

Muchos acontecimientos del libro de los Hechos fueron precedidos por un sentido de expectación. Un ejemplo extraordinario fue cuando las personas «sacaban a los enfermos a las plazas y los ponían en colchonetas y camillas para que, al pasar Pedro, por lo menos su sombra cayera sobre alguno de ellos» (Hechos 5:15, NVI). Esto muestra un extraordinario sentido de esperanza. ¿Y qué siguió? ¿Esta gente se sintió decepcionadas? «También de los pueblos vecinos a Jerusalén acudían multitudes que llevaban personas enfermas y atormentadas por espíritus malignos, y *todas eran sanadas*» (v. 16, NVI, énfasis añadido).

Cuando Pablo estaba en Corinto, encontró oposición de parte de los judíos. Él se preguntaba si debía quedarse. Dios le dijo: quédate. El Señor le habló en una visión: «No temas, sino habla, y no calles; porque yo estoy contigo, y ninguno pondrá sobre ti la mano para hacerte mal, porque yo tengo mucho pueblo en esta ciudad» (Hechos 18:9–10). La frase «yo tengo mucho pueblo en esta ciudad» se refiere a los elegidos de Dios no salvados aún, pero que serían salvos. «Y se detuvo allí [Pablo] un año y seis meses, enseñándoles la palabra de Dios (v. 11). La única manera de salvar a las personas es oyendo la palabra. «La fe es por el oír, y el oír, por la palabra de Dios» (Romanos 10:17).

Gedeón era un hombre débil. Siempre necesitaba que lo animaran. (Véase Jueces 6:36–40.) Dios conoce nuestra condición; Él recuerda que somos polvo (Salmo 103:14). Dios sabía cómo animar a Gedeón y darle un espíritu de expectación. Así que él escuchó a un hombre que le contaba su sueño a alguien, el cual indicaba una cierta victoria para Gedeón. Esto lo llenó de esperanza. «Cuando Gedeón oyó el relato del sueño y su interpretación, adoró» (Jueces 7:15). Él regresó al campamento de Israel y exhortó a sus hombres a levantarse para derrotar a los madianitas. El resultado fue una victoria extraordinaria (vv. 15–25).

Dios sabe que todos necesitamos un sentido de expectación de vez en cuando, y sabe cuándo proveerlo. Él nunca nos concede una presencia de expectación demasiado tarde o demasiado temprano, sino siempre en el momento preciso.

Instrucción directa

Refiérase al capítulo 4, en el que hablo del «impulso santo» y presento cinco preguntas para estar seguros con respecto a cualquier sentido de orientación. Felipe recibió tal instrucción; el ángel del Señor le dijo: «Levántate y ve hacia el sur, por el camino que desciende de Jerusalén a Gaza» (Hechos 8:26). Entonces, en su camino allí, vio a un oficial etíope en un carro leyendo el libro de Isaías. En ese momento el Espíritu Santo le dijo a Felipe: «Acércate y júntate a ese carro» (v. 29). La obediencia de Felipe condujo a la inesperada conversión del etíope (vv. 26–38).

Usted recordará cómo Herodes intentó matar a Pedro así

como mató a Jacobo. Él mandó a Pedro a prisión. Estaba vigilado por cuatro escuadras de cuatro soldados cada una. La noche antes de que Herodes lo llevara a juicio, mientras Pedro dormía entre dos soldados, atado con dos cadenas, «se presentó un ángel del Señor, y una luz resplandeció en la cárcel; y tocando a Pedro en el costado, le despertó, diciendo: Levántate pronto. Y las cadenas se le cayeron de las manos» (Hechos 12:7). Pedro fue librado milagrosamente, pasando a través de los guardias y atravesando una puerta que se abrió por sí misma (vv. 8–10).

Nada es demasiado difícil para el Señor. Con Dios todas las cosas son posibles. Dios, por su presencia, puede hacer que suceda cualquier cosa. Él tiene una manera de aparecer cuando menos lo esperamos, pero lo necesitamos más.

Confusión

¿Podría Dios enviar confusión? Sí, a sus enemigos. Dios no es el autor de la confusión —o el desorden— en la iglesia (1 Corintios 14:33). Sin embargo, una de las formas en que se enfrentó a los enemigos de Israel fue enviándoles un espíritu de confusión. Esto es exactamente lo que hizo cuando los hijos de Israel cruzaron el mar Rojo. Dios dijo: «Yo endureceré el corazón de los egipcios para que los sigan [a los hijos de Israel]; y yo me glorificaré en Faraón y en todo su ejército» (Éxodo 14:17). Así que los egipcios persiguieron a Israel hasta el mar, y «aconteció a la vigilia de la mañana, que Jehová miró el campamento de los egipcios desde la columna de fuego y nube, y trastornó el campamento de los egipcios» (v. 24). Los egipcios fueron arrasados por el mar. Ninguno de ellos quedó con vida (v. 28, nvi).

El Señor también causó confusión a los enemigos de Gedeón y su ejército. Los israelitas gritaron: «¡Por la espada de Jehová y de Gedeón! Y se estuvieron firmes cada uno en su puesto en derredor del campamento; entonces todo el ejército echó a correr dando gritos y huyendo» (Jueces 7:20-21). Ciertamente, el Señor «puso la espada de cada uno contra su compañero» (v. 22).

Dios también confundió a los enemigos de Jonatán. La manera en que Jonatán y su paje de armas se mostraron ante los filisteos tomó a estos últimos por sorpresa. De repente, ellos mataron como a veinte hombres en un espacio reducido de terreno (1 Samuel 4:14). «Cundió entonces el pánico en el campamento filisteo y entre el ejército que estaba en el campo abierto. Todos ellos se acobardaron, incluso los soldados de la guarnición y las tropas de asalto. Hasta la tierra tembló, y hubo un pánico extraordinario» (v. 15).

Cuando el rey David, habiendo sido forzado a ir al exilio, escuchó que su consejero Ahitofel —conocido por su sabiduría inusual— se había inclinado por Absalón, oró: «Entorpece ahora, oh Jehová, el consejo de Ahitofel» (2 Samuel 15:31). Dios respondió a la oración de David. «Jehová había ordenado que el acertado consejo de Ahitofel se frustrara» (2 Samuel 17:14).

No puedo decir que he sido consciente de que el Señor causara confusión entre aquellos que obstaculizan sus planes para mi vida. Tal vez lo hizo. Quizás voy a descubrir en el cielo cuántas veces Él actuó así. En cualquier caso, esto es algo que Dios ciertamente puede hacer y ha hecho muchas veces por su pueblo.

CAPÍTULO 9

Lo extraño y lo maravilloso

Porque mis pensamientos no son vuestros
pensamientos, ni vuestros caminos mis caminos, dijo
Jehová. Como son más altos los cielos que la tierra,
así son mis caminos más altos que vuestros caminos,
y mis pensamientos más que vuestros pensamientos.
—Isaías 55:8–9

Lo necio del mundo escogió Dios, para
avergonzar a los sabios; y lo débil del mundo
escogió Dios, para avergonzar a lo fuerte; y
lo vil del mundo y lo menospreciado escogió
Dios, y lo que no es, para deshacer lo que es, a
fin de que nadie se jacte en su presencia.
—1 Corintios 1:27–29

John Arnott, pastor de Catch the Fire [Atrapa el fuego] recién me había presentado. Tomé el texto para mi sermón basado en Hebreos 4:16: «Acerquémonos, pues, confiadamente al trono de la gracia, para alcanzar misericordia y hallar gracia para el oportuno socorro». Tengo un sermón de hace treinta años sobre ese pasaje que he predicado probablemente mil veces. Me lo sabía al derecho y al revés; podía predicarlo en cualquier lugar, en cualquier momento, de inmediato, sin usar ninguna nota. Sin embargo, la cosa más rara y extraña sucedió desde el momento en que empecé el sermón. No podía pronunciar una frase completa e inteligible. Me sobrecogió una pesadez que hizo imposible que pudiera hilvanar diez palabras seguidas. Nunca en mi vida —antes ni desde entonces— he experimentado algo como eso.

Comencé: «La epístola a los hebreos...», y no pude terminar la oración. «Estos cristianos hebreos eran...» y no pude proseguir. «El escritor se está dirigiendo...», intenté de nuevo, una y otra vez. Indiscutiblemente este fue el momento más embarazoso de mi vida. Si alguien me hubiera ofrecido diez millones de dólares en barras de oro libres de impuestos para predicar ese sermón, aun así no habría podido hacerlo. Me resultaba físicamente imposible. Dos mil personas en la congregación estaban riendo en sus mentes mientras trataba de predicar. Mi esposa, Louise, sonreía en la segunda fila. Yo estaba molesto. La miré y le pedí: «Ora por mí». Mi amigo Lyndon Bowring se encontraba sentado a su lado. Mientras yo le suplicaba que orara, no podían controlar la risa. El sudor corría por mi rostro. No fui bendecido.

Carol Arnott llegó a la plataforma y comenzó a orar por mí. Alguien se me paró detrás, esperando sostenerme cuando me cayera. Permanecí allí erguido como el edificio Empire State. Era completamente incapaz de pronunciar una oración inteligible cuando se trataba de predicar el sermón. Lo intenté con toda la fuerza y la habilidad que pude reunir. Todo lo que podía pensar era que estaba siendo grabado y filmado y volvería a la Capilla de Westminster. Conocido por ser un expositor de la Biblia, podía escucharlos decir: «Cuando RT va a Toronto, no puede predicar, ¿qué les dice eso?». Tal vez esto sería una señal de que la llamada «Bendición de Toronto» no era de Dios (para decirlo suavemente).

Unos quince minutos más tarde, mientras le rogaba al Señor que me ayudara, «Hebreos 13:13» acudió a mi mente. Busqué mi Biblia para ver lo que decía: «Salgamos, pues, a él, fuera del campamento, llevando su vituperio». A continuación, anuncié: «Vamos a intentarlo con otro texto», mientras la multitud se reía aún más. Sin embargo, cuando lo leí, mi lengua se soltó. La multitud hizo completo silencio. Comencé a predicar, y me desboqué. No estoy seguro de cuánto hablé, quizás veinte minutos o más. Hice la invitación, y más de doscientas personas pasaron al frente para la oración. Todavía hay gente que fue bendecida por lo sucedido que acude a mí en varias partes del mundo, algunos diciendo que estaban entre los que avanzaron al frente.

¿Qué sucedió? Me he hecho esta pregunta muchas veces. La respuesta, creo, al menos en parte, es que Dios hizo un cambio en mi texto porque ese era el primer día que la iglesia de Toronto de manera oficial y legal fungiría con su nuevo nombre. Ellos habían sido privados de sus derechos por parte de su denominación: la comunidad Vineyard. Hasta ese día habían sido la Toronto Airport Vineyard Church. Habían sido echados sin miramientos ni ceremonias, y tenían que seguir adelante *fuera del campamento*. Por lo tanto, mi sermón representó un aliento maravilloso para la congregación. Era Dios dándoles un respaldo oportuno. Podía incluso decir que —sí— era un sello de Dios sobre la Bendición de Toronto. Yo no habría podido lograr que esto sucediera ni en mil años. No tenía idea de lo que estaba ocurriendo. Considerando que el fenómeno de la obra del Espíritu en Toronto hizo que la gente cayera al suelo y riera, conmigo ocurrió lo contrario: no caí, y ciertamente no me reí. No obstante, había una pesadez —esta es la mejor palabra que puedo llegar a imaginar— que no me permitió predicar mi sermón sobre Hebreos 4:16. Dios quería que escucharan un sermón sobre ir «fuera del campamento» basado en Hebreos 13:13. Por lo que pueda importar, John Wimber, el fundador de Vineyard, le dijo en su lecho de muerte a John Paul Jackson que el mayor error de su vida fue privar de sus derechos a la iglesia de Toronto.

El factor «puaj»

Aún recibo correos electrónicos y cartas de personas que me preguntan: «¿Es verdad que ha apoyado la Bendición de Toronto?». Para aquellos que quieran saber por qué cambié de opinión, conté la historia en mi libro *Fuego Santo* de cómo públicamente me opuse a la bendición de Toronto y luego me retracté también en público después de que mi mente cambió.

El propósito de este capítulo no es defender a la Bendición de Toronto, sino mostrar que Dios ofende a la mente para revelar el corazón. Tengo una hipótesis: Dios ama surgir con cosas que pueden ofender a los sofisticados. Eso podría incluirme. Cuando oí hablar por primera vez de las personas cayendo al suelo y riendo alborotadamente en Holy Trinity Brompton, en Londres, me pareció ofensivo, si no desagradable. También me sentí de alguna forma traicionado. Holy Trinity Brompton (HTB) no es solo una iglesia anglicana (seguramente la Iglesia de Inglaterra es apóstata, lo he dicho), sino que —por si eso no fuera suficiente— es un lugar donde algunos de los empleados son etonianos privilegiados con sus distintivos acentos ingleses de clase alta. Sentía que una iglesia como esa era seguramente el último lugar que Dios elegiría para manifestar su verdadera presencia. Y si Dios fuera a visitar el Reino Unido en general y Londres en particular, elegiría la Capilla de Westminster. Después de todo, habíamos soportado los «tiempos difíciles» durante años. Había puesto mi reputación en riesgo una y otra vez. Casi fui expulsado de mi iglesia por los cambios que hicimos, empezando por tener a Arthur Blessitt. Yo personalmente me encontraba afuera en las calles de Victoria dirigiendo nuestro programa *Pilot Lights*, entregando panfletos a los transeúntes, cantando coros en nuestros servicios —lo cual para algunos fue lo más ofensivo de todos— y haciéndoles una invitación pública a los perdidos después de predicar la evangelio. El pensamiento de que Dios nos pasaría por alto y elegiría a una iglesia como HTB resultaba imposible.

Sin embargo, estaba equivocado. Dios escogió manifestar su gloria en la Capilla de Westminster no teniéndonos en cuenta y manifestando su presencia en la iglesia (seguramente pude haber dicho) menos probable de que heredara su bendición. La promesa de Dios a Moisés: «Tengo clemencia de quien quiero tenerla, y soy compasivo con quien quiero serlo» (Éxodo 33:19, NVI), citado por Pablo (Romanos 9:15) no es un asunto de broma. El viento del Espíritu Santo sopla donde quiere (Juan 3:8).

Así que mi hipótesis es esta, yo la llamo el factor «puaj»: creo que Dios mira por todas partes sobre la tierra para encontrar algo que hará que las personas sofisticadas digan «puaj». Él hace esto para ver si estarán dispuestos a ser humillados por lo que el mundo considera ofensivo. En Gran Bretaña en particular, *puaj* es una palabra para expresar desagrado o repugnancia. Si las personas dicen «puaj» cuando ven algo que parece no tener sentido o se ve tonto, ultrajante o repugnante, Dios dice: «Esto servirá muy bien». Él continúa eligiendo las cosas necias del mundo para avergonzar a los sabios (1 Corintios 1:27). Sus «caminos» son más altos que nuestros caminos (Isaías 55:9). Lo que a Dios a menudo le gusta hacer no tiene absolutamente ningún sentido en ese momento, ya sea que se trate de pedirle a Abraham que sacrifique a Isaac (Génesis 22), ordenarle al rey Saúl que mate a todos los amalecitas (1 Samuel 15:3), o la elección de Jesús de recaudadores de impuestos para ser sus discípulos (Mateo 9:9–12). Es posible que nos guste o no, pero parte de los «caminos» de Dios es hacer cosas que no tienen sentido en absoluto...al principio.

El propósito del factor «puaj»

Dios usa el factor «puaj» para promover su gloria. Él lo emplea a menudo con los cristianos tibios. Jesús le dijo a la iglesia de Laodicea que no eran ni fríos ni calientes, sino tibios. Él desea que los cristianos sean lo uno o lo otro. Los cristianos tibios son los más difíciles de alcanzar y enseñar. Una manera de llegar a ellos es ofender la mente para revelar el corazón. Jesús promete que los vomitará de su boca (Apocalipsis 3:16). Los cristianos tibios lo disgustan. Una de las características de los cristianos tibios es que son presumidos, y Dios odia la presunción. Ellos están satisfechos de sí mismos y tienen un orgullo excesivo por sus propios logros. Están contentos con sus vidas y se toman muy en serio. Pasarían la prueba del detector de mentiras en lo que respecta a creer que están absolutamente bien en lo espiritual delante de Dios. Consideran que no tienen necesidad de nada. Sin embargo, lo contrario es cierto, dice Jesús. Son desventurados, miserables, pobres, ciegos y desnudos (v. 17).

Dios a veces usa personas o manifestaciones que nos hacen decir rápidamente: «Eso no puede ser de Dios». Los «expertos» afirman que el Avivamiento de Gales no podía ser de Dios, porque allí no había prácticamente ninguna predicación y todo era canto espontáneo. John Wesley se ofendió con el hecho de que George Whitefield dejara el púlpito y fuera a los campos a predicarles a las personas comunes. Y cuando los oyentes de Whitefield se sacudían y ladraban como perros mientras él predicaba, eso resultaba una prueba innegable para Wesley de que tales manifestaciones no eran de Dios. No obstante, con el tiempo Wesley siguió a Whitefield a los campos y vio las mismas manifestaciones.

«No han conocido mis caminos», dijo Dios de los antiguos israelitas (Hebreos 3:10). Aquellos de nosotros que solo vemos los «caminos» de Dios en términos de su soberanía, trascendencia, majestad y gloria son a menudo los primeros en criticar las manifestaciones que parecen ser totalmente vergonzosas como reír, gritar, saltar, correr y dar vueltas por el suelo. Hay una razón por la cual algunos fueron llamados «rodillos santos»; las personas literalmente *rodaban* sobre el suelo, las alfombras o la tierra. Sí, esta es ciertamente una de las formas de Dios de llevar a las personas a la reverencia, la sumisión y el temor. ¡Y, graciosamente, yo también he hecho que la gente diga «puaj» con respecto a mi predicación de la soberanía de Dios! No obstante, esta es una de las maneras en que Dios desafía nuestra dignidad por medio de manifestaciones extrañas. Puedo decirle que Dios me ha humillado.

Encuentre a sus amigos

David estaba muy entusiasmado cuando finalmente tuvo éxito en traer el arca del pacto a Jerusalén. Algunos podrían decir que realmente se excedió. Vistiendo un efod de lino, él «danzaba con toda su fuerza delante de Jehová [...] Así David y toda la casa de Israel conducían el arca de Jehová con júbilo y sonido de trompeta» (2 Samuel 6:14–15). Sin embargo, su propia esposa Mical, la hija del rey Saúl, se ofendió. «Cuando vio que el rey David estaba saltando y bailando delante del Señor, sintió por él un profundo desprecio» (v. 16, nvi). Así que cuando llegó a su casa, David recibió una reprensión de grandes proporciones. «¡Cuán honrado ha quedado hoy el rey de Israel, descubriéndose hoy delante de las criadas de sus siervos, como se descubre sin decoro un cualquiera!» (v. 20). La respuesta de David fue increíble. En lugar de sentirse avergonzado y arrepentirse, le dijo:

> Fue delante de Jehová, quien me eligió en preferencia a tu padre y a toda tu casa, para constituirme por príncipe sobre el pueblo de Jehová, sobre Israel. Por tanto, danzaré delante de Jehová. Y aun me haré más vil que esta vez, y seré bajo a tus ojos; pero seré honrado delante de las criadas de quienes has hablado.
>
> —2 Samuel 6:21–22

La Nueva Versión Internacional traduce una porción de este pasaje como: «Me rebajaré más todavía, hasta humillarme completamente». Extraordinario. Me encanta. Este fue uno de los mejores momentos de David. Él no estaba avergonzado ante estas criadas. Él no se disculpó por dejarse llevar. Cuando prediqué sobre esto, le llamé a mi sermón «Encuentre a sus amigos» (ahora se encuentra en mi libro *A Man After God's Own Heart* [Un hombre conforme al corazón de Dios]). Una de las mejores canciones de Matt Redman, «Undignified» [Indigno], se basa en esta escritura sobre hacerse más vil.

¿Quienes son sus amigos? ¿Son aquellos que cuestionan su sabiduría porque usted hace todo lo que está en su corazón para glorificar a Dios? ¿O podría ser que sus verdaderos amigos no sean aquellos que le harán una invitación de prestigio, sino los que se entregan a rendirle alabanza y honor a Dios? Estas personas son sus amigos.

Uno de los estigmas de abrazar las manifestaciones extrañas de la presencia de Dios no es meramente negarse a disculparse por estas manifestaciones; es no rechazar a aquellas *personas* cuya falta de dignidad y sofisticación podría causar vergüenza. ¡Cuéntame sobre esto! «Siempre habrá alguien raro alrededor de ti», observó una vez un amigo mío. Mi mayor desafío fue en los días en que tuvimos a Arthur Blessitt o John Arnott en nuestro púlpito. Sin embargo, siguiendo la misma línea de la advertencia de Pablo a Timoteo: «No te avergüences [...] de mí, preso suyo» (2 Timoteo 1:8), debemos tomar lo menos deseable con las manifestaciones más aceptables.

John Wesley reprendió a George Whitefield por tolerar la locuras de algunos de sus seguidores.

—Sabes que mucho de esto es de la carne —le dijo Wesley, refiriéndose a cosas como los ladridos y las sacudidas.

—De acuerdo —respondió Whitefield.

—Entonces elimina lo que es falso —replicó Wesley a modo de reprimenda.

—Si eliminas lo que es de la carne —Whitefield indicó— también matarás lo que es real. Tienes que dejarlos solos.

Es lo mismo que dejar que el trigo y la cizaña (o las malas hierbas) crezcan juntos (Mateo 13:29-30).

No hay disculpas de parte de Jesús

Me parece interesante que Jesús no se disculpara por decir que las personas debían comer su carne y beber su sangre (Juan 6:53). Sus seguidores dijeron: «Esta enseñanza es muy difícil; ¿quién puede aceptarla?» (Juan 6:60, NVI). Esto resultaba tan repugnante que «muchos de sus discípulos volvieron atrás, y ya no andaban con él» (v. 66). Cuando Jesús vio a las multitudes alejarse de Él, no entró en pánico. No le gritó a la multitud: «Esperen. Por favor, no se vayan. Déjenme explicarles. Me estaba refiriendo a lo que se llamará Santa Comunión». No. Dejó que las personas pensaran lo que quisieran.

Lo mismo es verdad de su declaración: «Destruid este templo, y en tres días lo levantaré» (Juan 2:19). Él dejó que sus críticos supusieran que estaba hablando del edificio en el monte del templo. No añadió: «Ah, por cierto, estoy hablando de mi resurrección de entre los muertos». ¡Pero eso es lo que quiso decir! (Véase Juan 2:21-22.)

En la capilla de Westminster, si teníamos a un Arthur Blessitt o un Randy Clark allí, la gente más extraña que alguna vez viera en mi vida venía de todas partes de Londres. Ellos podían ocupar los asientos delanteros y agitar sus brazos en el aire como si nos mostraran la forma correcta de adorar. Cada vez que aparecían me sentía morir, pero nunca les dije una palabra, a pesar de lo difícil que resultaba permanecer en silencio. Sabía que querían llamar la atención y que sentían que estaban por encima del resto de nosotros cuando se trataba de adorar a Dios.

Parte del estigma de muchos movimientos del Espíritu Santo es que habrá excesos embarazosos. Un estigma es ofensivo y se reduce a una palabra: *vergüenza*. Jesús en efecto les dijo a los Doce: «¿Esto os ofende [avergüenza]?» (Juan 6:61). Luego, notando que la multitud de cinco mil lo había abandonado, les preguntó si ellos también lo dejarían. Después de todo, cuando uno es parte de algo grande —como Jesús teniendo cinco mil partidarios— el estigma de seguirlo disminuye. Sin embargo, cuando cinco mil disminuyen hasta doce, la prueba se vuelve muy difícil. No obstante, Pedro pasó la prueba en esa ocasión. Él respondió: «Señor, ¿a quién iremos? Tú tienes palabras de vida eterna» (v. 68).

Cómo soportar la crítica

He logrado soportar las críticas de aquellas personas sinceras —y a veces devotas— que dudan de mi sabiduría cuando se trata de respaldar las manifestaciones extrañas. Me hago una pregunta: ¿Qué haría si supiera que voy a estar en el juicio ante Jesús en las próximas veinticuatro horas? Eso hace que el desafío se reduzca a nada. Cuando siento en mi corazón que no tengo miedo de estar frente a Él, sé que estoy en un terreno seguro para aceptar las manifestaciones extrañas que van a venir con cada movimiento auténtico del Espíritu. No obstante, ciertamente odiaría permanecer en su presencia si hubiera capitulado ante el temor a las personas. Aun más, «temer a la gente es una trampa peligrosa» (Proverbios 29:25, ntv). No todos los que se oponen a las manifestaciones extrañas le temen a la gente, pero algunos sí. Me niego a estar entre ellos.

Vivimos en una generación en la que las personas quieren desestigmatizar el evangelio. Ellos pueden robarle su gloria, negando que el Dios-hombre satisficiera la justicia de Dios por medio de su sangre preciosa. También hay quienes desestigmatizarían al Espíritu Santo afirmando solo lo que los mantiene en su zona de confort.

La historia mencionada anteriormente sobre el servicio inusual en mi antigua iglesia en Ashland, Kentucky, ayudó a allanar el camino para el tipo de decisiones que tendría que hacer muchos años después. Este es otro ejemplo de una presencia de juicio de Dios. Ese servicio cambió mi vida, aunque yo no estaba presente. Ahora revelaré más de la historia. Habiendo orado durante varias horas la noche del jueves anterior y el viernes por la mañana, estos hombres interrumpieron el servicio que se celebró ese viernes por la noche.

Mientras la congregación cantaba el himno «The Unclouded Day» [El día resplandeciente], un hombre llamado Ed, un laico que poseía su propio negocio, le pidió al cantante que dejara de cantar y al organista que dejara de tocar. Ellos lo hicieron. El hombre no tenía una educación elevada, pero con una audacia que tomó a todos por sorpresa comenzó a hablarle espontáneamente a una congregación de unas cuatrocientas personas, caminando de un lado a otro en el frente del salón, y arriba y abajo por el pasillo central. Muchos de los presentes estaban horrorizados, incluyendo a mi padre; ellos dijeron que este hombre simplemente desvarió y habló como un loco por varios minutos. Otros vieron el acontecimiento como la presencia del Espíritu Santo y sintieron que Dios trataba con ellos. Ed dijo básicamente dos cosas: que alguien en la congregación estaba impidiendo el avivamiento que Dios quería que la iglesia experimentara, y que Dios había escrito «Ichabod», que significa «la gloria ha partido», con respecto a la iglesia. Mientras Ed hablaba, una neblina —una nube visible— se asentó sobre la gente, inquietándola, porque no tenían idea de lo que era la neblina, ni tampoco una pista de lo que quería decir Ichabod.

Estaba programado que el pastor asociado hablara. Cuando Ed se sentó, el pastor asociado se puso de pie y dijo desde el púlpito: «Esta es la mayor demostración del Espíritu Santo que he visto». Entonces leyó el relato de Ananías en Hechos 5:1–6, que había caído muerto por mentirle al Espíritu Santo. Luego se sentó. El pastor principal de la iglesia se dirigió al púlpito e invitó a la gente a pasar al altar para orar. Varios lo hicieron. Algunos dijeron que se convirtieron esa noche, y algunos se preocuparon de que pudieran ser los que estaban impidiendo el avivamiento. Sin embargo, quién causó que esto sucediera se descubrió dos días después.

El domingo siguiente se le pidió al pastor asociado que renunciara a su cargo. Él fue acusado de orquestar el servicio en el que Ed tuvo el papel principal. Esto no era cierto, aunque claramente respaldó lo que Ed hizo y dijo.

Mi padre me escribió una carta el lunes siguiente en la que me advirtió que no tuviera ningún contacto con el pastor asociado, que había sido un mentor para mí. «No le escribas, no lo llames, no tengas nada que ver con él», dijo mi papá. Yo estaba conmocionado. No había escuchado nada sobre el servicio inusual. Sin embargo, tan pronto como leí la carta de mi padre, «Filipenses 1:12» vino a mi mente. Rápidamente busqué el texto. Decía: «Quiero que sepáis, hermanos, que las cosas que me han sucedido, han redundado más bien para el progreso del evangelio». Supe al instante por ese verso que tenía que estar al lado de mi mentor. Fue la primera vez que desacaté una indicación de mi papá. Esto también tuvo gran peso en la decisión de mi abuela de pedirme que le devolviera el auto.

Cuando más tarde supe de la neblina, entendí que se trataba de la presencia visible de Dios. Lo tomé como un sello de Filipenses 1:12 y de que Dios había sido indudablemente el instigador de tal extraño servicio. Nunca me he arrepentido ni dudado de la decisión que tomé de parte de esos dos hombres. Debido a que hay personas que siguen vivas que están relacionadas con los individuos involucrados en esta historia, especialmente con aquel que supuestamente había detenido el avivamiento, no puedo decir nada más, excepto esto: mi antigua iglesia nunca fue la misma otra vez. La gloria se había ido. La que fuera considerada una vez como una de las iglesias más influyentes de toda la denominación de la Iglesia del Nazareno gradualmente decayó, decayó y decayó desde aquel día.

Fue este servicio —probablemente más que mi cambio teológico— lo que causó que la mayor parte de mi familia se volviera en mi contra. Ese servicio en abril de 1956 estaba *lejos* de su zona de comodidad. Fueron días difíciles. Como dije antes, hubo solo un pariente —mi abuelo McCurley— que permaneció de mi lado. «Estoy con él, para bien o para mal», dijo.

La quintaesencia del reposo de Dios

Jehová, no se ha envanecido mi corazón, ni mis ojos se enaltecieron; ni anduve en grandezas, ni en cosas demasiado sublimes para mí. En verdad que me he comportado y he acallado mi alma como un niño destetado de su madre; como un niño destetado está mi alma.

—Salmo 131:1–2

Salmo 131 es un salmo de ascenso gradual. Pertenece a un grupo de cánticos que el pueblo de Israel entonaba tres veces al año mientras llevaban a cabo sus peregrinaciones hasta Jerusalén. Debido a que Jerusalén se encuentra como a 2500 pies (762 metros) sobre el nivel del mar, todos los caminos a Jerusalén «subían», de ahí el nombre de salmos de ascenso. Salmo 131 es único y difícil de entender, pero he llegado a ver al menos dos interpretaciones posibles del mismo.

Primero, describe a David hacia el final de su vida. Él había dejado de tener la personalidad ambiciosa tipo A que lo caracterizó durante la mayor parte de su vida. Cuando usted lee el Salmo 131 con esta perspectiva, cobra sentido. David no estaba preocupado por las cosas que solían motivarlo. Tal salmo, por lo tanto, podría aplicarse a aquellas personas motivadas que querían causar un impacto en su generación, que fueron grandes triunfadores, los líderes e individuos exitosos del mundo. Cuando la gente llega al final de su vida, ve las cosas de manera muy diferente. «Me he comportado y he acallado mi alma» (v. 2). Esta es la posición que asumo en mi libro *Higher Ground* [Terreno más alto], un libro sobre los salmos de ascenso.

Segundo, probablemente el significado principal del Salmo 131 es que describe perfectamente a una persona que ha entrado en el reposo de Dios. El que entra en el reposo de Dios «descansa también de sus obras» (Hebreos 4:10, NVI). Estos individuos cesan de luchar. La ambición disminuye casi por completo. Tratar de obtener logros no es tan importante. Ya no se toman tan en serio; no consideran sus vidas tan preciosas (Hechos 20:24; Apocalipsis 12:11). La presencia de Dios es tan satisfactoria en sí que aquellos que entran en el reposo de Dios no tienen necesidad de probarse a sí mismos. El hermano Lawrence, a quien me refiero a continuación, podía hablar de recibir tanta alegría de recoger un pedazo de paja del suelo como de predicarle a miles. Esto es lo maravilloso de entrar en el reposo de Dios: un sentido de su presencia resulta tan satisfactorio que la necesidad de que nos vean, escuchen o tomen en serio es puesta a un lado.

Cuánto dura este sentido de la presencia de Dios es otro asunto. Algunos lo disfrutan durante meses, otros durante años, pero pocos lo disfrutan indefinidamente. Sin embargo, el hermano Lawrence pareció disfrutarlo a lo largo de su vida.

El hermano Lawrence (c. 1614–1691)

El hermano Lawrence, nacido como Nicolás Herman en la que ahora es Francia, era un monje católico romano sin educación. Él sirvió en la Guerra de los Treinta Años antes de solicitar su ingreso en el Monasterio de los Carmelitas Descalzos en París. Permaneció allí durante la mayor parte de su vida, y durante muchos años trabajó en la cocina, pero fue un reparador de sandalias más tarde en su vida. Es bien conocido por experimentar una profunda paz, tanto es así que muchos visitantes y líderes de las iglesias lo buscaron para obtener sabiduría y guía.[1]

Algunas de las cartas del hermano Lawrence e informes de sus conversaciones fueron publicados por el vicario general del arzobispo de París bajo el título *La práctica de la presencia de Dios*, haciéndose populares entre protestantes y católicos. El libro fue elogiado por John Wesley y A. W. Tozer. Me encontré con un ejemplar desgastado en 1955. A menudo lo llevaba conmigo y he recurrido a él muchas veces. Hubo ocasiones en las que me habló de manera definitiva. Me identifiqué con el libro principalmente porque las descripciones de la paz y el sentido de la presencia de Dios que ofrecía el hermano Lawrence se me parecieron a lo que yo había experimentado inicialmente en 1955. La frase «la práctica de la presencia de Dios» es suya.

«Si yo fuera un predicador, por encima de todas las demás cosas predicaría sobre la práctica de la presencia de Dios. Si yo fuera un director, le aconsejaría a todo el mundo que lo hiciera, por lo necesario que creo que es y lo fácil también».[2] ¿Fácil? Sí, pero quizás no todos los que tratan de hacer esto experimentan el mismo sentido de la presencia de

Dios del que evidentemente disfrutó el hermano Lawrence. La palabra principal parece ser *paz*. Esta paz no significó solo la ausencia de ansiedad, sino la presencia de un sentido sobrenatural de Dios. Dios es llamado el «Dios de paz» (1 Tesalonicenses 5:23), siendo esta una descripción de Él; la frase la «paz de Dios» (Filipenses 4:7) es una descripción de su presencia. Pablo afirma que esta paz «sobrepasa todo entendimiento» y también guarda nuestros corazones y nuestras mentes en Cristo Jesús (v. 7).

Al leer *La práctica de la presencia de Dios*, uno debe tener en cuenta el hecho de que el hermano Lawrence no tenía una educación elevada. Nunca pudo haber sido aceptado como clérigo en su monasterio, sino solamente como un laico. ¡Sus declaraciones no solo no coinciden en todo momento con la teología más pura, sino que su capacidad para describir lo que siente no siempre tiene sentido! No obstante, si uno está dispuesto a desechar los prejuicios, podemos ver que este monje francés estuvo en contacto con el Dios de la Biblia de una manera maravillosa. Lo que más me llama la atención es su testimonio de que los tiempos de oración y adoración establecidos no lo acercaban a Dios. Esto era así porque él ya sentía la presencia de Dios todo el tiempo. Por un lado, afirmó que su conversión a la edad de dieciocho años inmediatamente «lo alejó del mundo y se encendió en él tal amor por Dios, que no podía decir si había aumentado durante los más de cuarenta años que había vivido desde entonces». El hermano Lawrence estableció esta conexión por medio del tiempo que dedicaba a orar: «Debemos establecer en nuestra vida un sentido de la presencia de Dios al conversar continuamente con Él. Fuera una cosa vergonzosa dejar a un lado su conversación para pensar en nimiedades y tonterías. Él dijo que debemos «buscar nuestra satisfacción solamente en el cumplimiento de su voluntad. Ya sea que Dios nos guíe a través del sufrimiento o la consolación, todo debería resultar en un alma verdaderamente resignada». Necesitamos ser fieles «en esas interrupciones en el flujo y reflujo de la oración cuando Dios pone a prueba nuestro amor por Él. Este es el momento para un completo acto de resignación».[3] El hermano Lawrence revela su profunda fe en la soberanía de Dios, tal como se registra en una de sus conversaciones con un cardenal católico:

> Él dijo que en cuanto a las miserias y los pecados que oyó a diario en el mundo, estaba muy lejos de preguntarse sobre ellos, que, por el contrario, estaba sorprendido de que no hubiera más considerando las maldades de que eran capaces los pecadores. Por su parte, oró por ellos. No obstante, sabiendo que Dios podía remediar el mal que hicieron cuando le placiera, no se achacó más problemas.[4]

Si el hermano Lawrence fallaba en su deber, solo confesaba su falta, diciéndole a Dios: «Nunca podré hacer otra cosa si lo dejas en mis manos; eres tú quien debes impedir mi caída, y reparar lo que está mal». Después de eso «no se preocupaba más por ello». Debemos, sin ansiedad, «esperar el perdón de nuestros pecados por medio de la sangre de Jesucristo, solo esforzándonos por amarlo con todo nuestro corazón. Y él notó que Dios parecía haberles concedido los mayores favores a los más grandes pecadores como un ejemplo notable de su misericordia». El «tiempo de los negocios», dijo, «para mí no difiere del tiempo de orar. En el ruido y el retumbar de mi cocina, mientras que varias personas están pidiendo al mismo tiempo cosas diferentes, me encuentro con Dios tan tranquilamente como si estuviera de rodillas en la Santa Cena».[5]

Cierro este capítulo con un recordatorio de que Dios tiene una cierta manera de hacer cosas que inicialmente son mal entendidas y no tienen sentido al principio ¿El mayor ejemplo de esto? El Viernes Santo. ¿Quién pensó en ese momento y en ese día que Dios estaba en Cristo reconciliando al mundo consigo (2 Corintios 5:19)? Sin embargo, Dios mismo se hallaba obrando. La forma en que Dios escogió salvarnos fue el secreto mejor guardado en la historia humana... hasta que la Iglesia primitiva lo dio a conocer.

Esto debería hacer que cada uno de nosotros hiciera una pausa. Debemos acallar nuestras voces y esperar y ver si Dios es realmente el instigador de las mismas cosas que nos ofenden. Hasta que sepamos con seguridad que Dios *no* forma parte de ciertas manifestaciones y movimientos, ¡tengamos cuidado de no luchar contra ellos para que no peleemos contra Dios!

CAPÍTULO 10

La presencia de Dios en el cielo

Deseo partir y estar con Cristo,
que es muchísimo mejor.
—FILIPENSES 1:23 (NVI)

Y oí una gran voz del cielo que decía: He aquí el
tabernáculo de Dios con los hombres, y él
morará con ellos; y ellos serán su pueblo, y
Dios mismo estará con ellos como su Dios.
Enjugará Dios toda lágrima de los ojos de ellos;
y ya no habrá muerte, ni habrá más llanto, ni
clamor, ni dolor; porque las primeras cosas pasaron.
—APOCALIPSIS 21:3–4

LO QUE HARÁ que el cielo sea el *cielo* es la presencia de Dios. Cuando lleguemos al cielo, no necesitaremos buscar su presencia; esta se manifestará desde el momento en que somos glorificados. Tal glorificación tiene lugar cuando vemos a Jesús cara a cara (1 Juan 3:2). Allí no habrá lágrimas, pruebas, tentaciones, inseguridades y Dios no ocultará su rostro. No tendremos necesidad de fe. Mientras que la fe es la seguridad de las cosas que no se ven

(Hebreos 11:1), en el cielo veremos las cosas claramente sin tener que ejercer la fe.

En este mundo actual se nos insta: «Busquen al Señor mientras se deje encontrar, llámenlo mientras esté cercano» (Isaías 55:6, nvi). En esta vida, se nos pide que «todos los justos oren a [Dios], mientras aún haya tiempo» (Salmo 32:6, ntv). Sin embargo, este esfuerzo no será necesario en el cielo. Su presencia manifiesta estará en todos lados. Su rostro no permanecerá escondido en el cielo. Lo que hará que el cielo sea *el cielo* es la presencia del Señor.

Cuando yo era un niño, se escribieron una variedad de canciones sobre el cielo. Estas canciones variaban de un énfasis en las «moradas» celestiales, basado en Juan 14:2 («En la casa de mi Padre hay muchas moradas») hasta vivir en una cabaña. Uno podía cantar «Mansion Over the Hilltop» [Mansión sobre la colina], como cantaba Elvis Presley, y «Lord Build Me a Cabin in the Corner of Glory [Señor, constrúyeme una cabaña en la esquina de la gloria], como cantaba Hank Williams. Esta última canción, sospecho, expresó el espíritu de Uriah Heep de los Apalaches. La falsa humildad sugiere: «No necesito una mansión; estaré contento con una cabaña».

Lo que hará que el cielo sea *el cielo* no es el lujo de nuestra nueva morada ni que vivamos donde hay calles de oro puro, sino la presencia de Dios. Ahora vemos a través de un espejo oscuro, pero en el cielo veremos cara a cara (1 Corintios 13:12). Necesitamos fc ahora, pero no la necesitaremos entonces.

Charles Gabriel escribió una canción sobre cómo sería el cielo:

Oh, eso será gloria para mí,
Gloria para mí, gloria para mí,
Cuando por su gracia pueda ver su rostro,
Eso será gloria, será gloria para mí.[1]

Es imposible imaginar cómo será experimentar tal gloria. Hace cuarenta años firmé un contrato con una editorial evangélica para escribir un libro sobre el cielo. ¡El Dr. Martyn Lloyd-Jones fue testigo de mi firma! Sin embargo, más tarde tuve que ser liberado del contrato, porque empecé y luego me di cuenta de lo poco que sabía sobre el tema. Ese fue, creo, el único libro que nunca terminé.

Vamos a aprender mucho más sobre el cielo cinco minutos después de que lleguemos allí. Puedo decir algo con certeza: «Considero que en nada se comparan los sufrimientos actuales con la gloria que habrá de revelarse en nosotros». (Romanos 8:18). Como otro himno proclama: «¡Solo un resplandor de Él en la gloria los esfuerzos de la vida recompensarán!».[2]

Transición al cielo

Nuestra transición de la tierra al cielo ocurrirá en una de dos maneras. Primero, tendrá lugar la muerte. Esto podría ser antes del *eschaton*, el último día. Según Pablo, recibimos cuerpos *espirituales* cuando morimos. «Sabemos que si nuestra morada terrestre, este tabernáculo, se deshiciere, tenemos de Dios un edificio, una casa no hecha de manos, eterna, en los cielos» (2 Corintios 5:1). Esta es una morada temporal, y sin embargo, será muy parecida a nuestra glorificación final. Digo esto porque vamos «a Dios el Juez de todos, a los espíritus de los justos hechos perfectos» (Hebreos 12:23).

Verdaderamente esto será como la glorificación: no habrá pecado. Nuestros cuerpos espirituales estarán libres de pecado, porque no puede haber pecado en el cielo. Nuestros cuerpos transformados permanentes vendrán más tarde, a los cuales volveremos. Mientras tanto, podemos estar seguros de que tendremos cuerpos espirituales en el cielo en el momento en que morimos. Moisés y Elías se aparecieron con Jesús cuando Él fue transfigurado (Mateo 17:3). Esto demuestra que ellos tienen identidades reconocibles —cuerpos— ahora en el cielo. Podemos apoyarnos en esto para indicar que nuestros amigos y seres queridos que han ido al cielo ya tienen cuerpos reconocibles y espíritus hechos perfectos. Por lo tanto, podemos asumir que todos tendremos este tipo de morada en el momento en que morimos.

Jesús le dijo al ladrón agonizante en la cruz: «De cierto te digo que hoy estarás conmigo en el paraíso» (Lucas 23:43). Él quiso decir que solo unas horas después el ladrón estaría en su presencia en el «paraíso», un nombre dado al lugar de los santos muertos.

Sin embargo, esta es una morada temporal, aunque signifique una morada de miles de años para Abraham, Isaac, Jacob, José y Moisés; cientos de años para Martin Lutero, Juan Calvino, Jonathan Edwards, John Wesley y George Whitefield; y docenas de años para mis padres y el Dr. y la Sra. Martyn Lloyd-Jones. No obstante, ellos se encuentran todos juntos mientras usted lee estas líneas. Son conscientes, están libres de dolor, seguros en los brazos del Señor y disfrutando de la presencia inmediata de Jesús. Reflexionar cuán bien esas personas se conocen en el cielo —o cuánto saben acerca de nosotros aquí en la tierra— es involucrarse en una especulación no provechosa. Es divertido pensar en eso mientras no tomemos nuestras opiniones demasiado en serio.

Pero esto es lo que creo: en el momento en que morimos, entramos conscientemente en la presencia de Jesús.

En segundo lugar, entraremos en nuestra morada final cuando Jesús venga por segunda vez. En ese momento nuestros cuerpos *físicos* serán resucitados. «Todos seremos transformados, en un momento, en un abrir y cerrar de ojos, a la final trompeta; porque se tocará la trompeta, y los muertos serán resucitados incorruptibles, y nosotros seremos transformados» (1 Corintios 15:51–52). Jesús dijo: «No os maravilléis de esto; porque vendrá hora cuando todos los que están en los sepulcros oirán su voz; y los que hicieron lo bueno, saldrán a resurrección de vida; mas los que hicieron lo malo, a resurrección de condenación» (Juan 5:28–29). La Biblia no dice nada sobre la naturaleza de los cuerpos resucitados de los perdidos. Solo sabemos que todos los hombres y las mujeres que alguna vez han vivido serán resucitados para ser juzgados.

Está destinado a la humanidad morir una sola vez, «y después de esto el juicio» (Hebreos 9:27). Incluso «el mar entregó los muertos que había en él» (Apocalipsis 20:13). Esto demuestra que no importa si uno tuvo un entierro tradicional, fue cremado o murió en el mar. El Dios Creador transformará todos los cuerpos. En cualquier caso, una vez que Jesús venga, «estaremos siempre con el Señor» (1 Tesalonicenses 4:17). La frase «con el Señor» significa con Jesús.

Estaremos en la presencia de nuestro Señor Jesucristo por los siglos de los siglos.

Lo que sucede con los perdidos

¿Y los perdidos? ¿A dónde van? Respondo en buena medida de la misma manera que antes. Primero, ellos mueren. Si el relato del hombre rico y Lázaro indica algo, es que cuando la gente muere se va de inmediato —conscientemente— al gozo o al castigo. Lázaro el mendigo murió y fue «al seno de Abraham» (Lucas 16:22). Esto sería el equivalente del paraíso, como vimos antes en el caso del ladrón moribundo en la cruz. La referencia a Abraham probablemente significa que los patriarcas —Abraham, Isaac y Jacob— están vivos y bien, como Jesús les explicó a los saduceos (Mateo 22:32). Esto muestra una vez más al espíritu de los hombres justos hecho perfecto, como en Hebreos 12:23, y demuestra que cuando morimos y vamos a estar con el Señor nos uniremos a una multitud de los santos muertos (Hebreos 12:1).

Sin embargo, el hombre rico también murió y fue enterrado. Lo siguiente que leemos es: «Y en el Hades alzó sus ojos, estando en tormentos, y vio de lejos a Abraham, y a Lázaro en su seno» (Lucas 16:23). El hombre rico le rogó a Abraham: «Envía a Lázaro para que moje la punta de su dedo en agua, y refresque mi lengua; porque estoy atormentado en esta llama (v. 24). El predicamento del hombre rico indica el castigo consciente para los que no son salvos inmediatamente después de que mueran.

Conozco la enseñanza del «sueño del alma»: que las personas no son conscientes cuando mueren, ya sean salvados o perdidos. Esto, para mí, es solo superponer un juicio filosófico a las escrituras mencionadas anteriormente, que nos alientan a creer que los salvos y los perdidos son igualmente conscientes después de morir.

No obstante, ¿es el estado de los perdidos una morada temporal como en el caso de los salvados? Sí. Los perdidos serán resucitados y se les dará un cuerpo permanente en la Segunda Venida. Es en este momento que ellos enfrentarán el juicio final. En su segunda venida, el Señor Jesús vendrá «para castigar a los que no reconocen a Dios ni obedecen el evangelio de nuestro Señor Jesús. Ellos sufrirán el castigo de la destrucción eterna, lejos de la presencia del Señor y de la majestad de su poder, el día en que venga para ser glorificado por medio de sus santos y admirado por todos los que hayan creído» (2 Tesalonicenses 1:8–10).

Si lo que hace que el cielo sea *el cielo* es la presencia del Señor, entonces lo que hará que el infierno sea *el infierno* será ser «excluidos de la presencia del Señor» (2 Tesalonicenses 1:9). En parte, lo que hará que el infierno sea *el infierno* será tener que ver lo que uno se perdió; es decir, cuando Jesús sea «glorificado por medio de sus santos» y «admirado por todos los que hayan creído» (v. 10). Como el hombre rico vio lo que había desaprovechado al ver a Lázaro al lado de Abraham, así todos los perdidos tendrán que ver a lo que renunciaron al rechazar el evangelio.

Los perdidos eternamente no solo no disfrutarán de las bendiciones que los salvados disfrutan, sino que también perderán todos los beneficios de la gracia común de Dios. Esto no es una gracia ordinaria, sino más bien la bondad de Dios dada comúnmente a todas las personas, salvadas o perdidas. Aquí en la tierra salvados y perdidos disfrutan del sol y la lluvia, que son regalos de la gracia de Dios a todas las personas (Mateo 5:45). Los perdidos no disfrutarán de estas bendiciones. Ellos serán «excluidos» de la presencia del Señor.

Experimentando la presencia de Dios en el cielo

Al principio de este libro conté sobre un amigo mío que tuvo un sentido de la presencia de Dios tan maravilloso, que él estaría dispuesto a soportar «cualquier cosa» solo por ese momento. Habiendo dicho todo esto, ¿cómo será cuando experimentemos ese sentido de Dios por toda la eternidad? Será algo impresionante y deslumbrante, por decir lo menos. Todo parece demasiado bueno para ser verdad. Sin embargo, es así que el cielo será, solo que nos daremos cuenta de lo verdadero que es. Jesús dijo: «Si así no fuera, yo os lo hubiera dicho» (Juan 14:2).

¡De modo que *es* así! El cielo es el fin de la muerte, el fin de tener que pagar las facturas, el fin de la batalla contra la enfermedad y los padecimientos, el fin de despedirnos de nuestros seres queridos, el fin de la lucha, el fin de las pruebas y tentaciones, el fin de ser mal entendido, el fin de la vindicación negada, el fin de la preocupación y la ansiedad, y el fin de todo lo que sea doloroso.

Sí. Parece demasiado bueno para ser verdad, ¿cierto? No obstante, es verdad. Arriesgaría todo, hasta la vida, por lo que he escrito en este capítulo y en este libro.

La gran pregunta es: ¿Sabe usted con seguridad que si muriera hoy iría al cielo? ¿Lo sabe?

Si tuviera que estar delante de Dios (y lo estará) y Él le preguntara (y lo hará), «¿Por qué debo dejarte entrar en mi cielo?», ¿qué le diría? ¿Qué viene a su mente? Supongamos que todo esto fuera muy, muy real, y que tuviera que encontrar la respuesta correcta, y hay solo una respuesta, ¿qué diría?

He aquí lo que yo diría: «Jesús murió en la cruz por mis pecados». Esta es literalmente mi única esperanza, no mis buenas obras, no mi papel como esposo, padre o ministro. Yo tengo una esperanza: la muerte de Jesús en la cruz. Su sangre pagó mi deuda. Su vida sin pecado y su muerte expiatoria satisfizo la justicia de Dios.

Si esta no es su esperanza, por favor, haga esta oración:

Señor Jesús, te necesito. Te quiero. Te pido perdón por mis pecados. Límpiame de mis pecados con tu sangre. Le doy la bienvenida a tu Espíritu Santo en mi vida. De la mejor manera que sé, te entrego mi vida. Amén.

Si usted hizo esa oración, y lo hizo con todo su corazón, lo veré en el cielo, donde podremos disfrutar de la presencia del Señor por los siglos de los siglos.

Que el Dios trino —Padre, Hijo y Espíritu Santo— permanezca con usted ahora y cada vez más. Amén.

Notas

Capítulo 2: Cuando Dios oculta su rostro

1. *Vine's Complete Expository Dictionary of Old and New Testament Words: With Topical Index*, ed. W. E. Vine y Merrill Unger (Nashville: Thomas Nelson, 1996), s.v. «scourge» [«azote»].
2. «Lord of All Being» [Señor de todo ser] de Oliver W. Holmes Sr. Dominio público.
3. «How Tedious and Tasteless the Hours» [Cuán tediosas y sin sabor las horas] de John Newton. Dominio público.
4. He considerado en detalle el tema del castigo terminal en dos libros, *The Judgment Seat of Christ* y *Are You Stone Deaf to the Spirit or Rediscovering God?*, ambos publicados por Christian Focus, Reino Unido.

Capítulo 4: El impulso santo

1. «Yogi Berra Quotes» [Citas de Togi Berra], Brainy Quote, visitado el 2 de febrero de 2017, https://www.brainyquote.com /quotes/quotes/y/yogiberra110034.html.

Capítulo 6: Integridad

1. Mark Galli, «Revival at Cane Ridge» [Reavivamiento en Cane Ridge], *Christianity Today*, visitado el 6 de febrero de 2017, http://www.christianitytoday.com/history/issues/issue-45/revival -at-caneridge. html.
2. R. T. Kendall, «Sheer Integrity» [Integridad auténtica], *Ministry Today*, 30 de junio de 2008, visitado el 16 de febrero de 2017, http:// ministrytodaymag.com/evangelical-essentials/17445 -sheer-integrity.
3. Upton Sinclair, *I, Candidate for Governor: And How I Got Licked* (Los Angeles: University of California Press, 1994), p. 109.
4. Robert Frost, «The Road Not Taken» [El camino menos transitado], Commonlit, visitado el 15 de febrero de 2017, https:// www.commonlit.org/texts/the-road-not-taken.
5. Winston S. Churchill, «The Gift of a Common Tongue» [El regalo de una lengua común], The International Churchill Society,

6 de septiembre de 1943, visitado el 6 de febrero de 2017, http://
www.winstonchurchill.org/resources/speeches/1941-1945
-warleader/420-the-price-of-greatness-is-responsibility.

Capítulo 9: Lo extraño y lo maravilloso

1. Hermano Lawrence, Christian Classics Ethereal Library, visitado el 16 de febrero de 2017, https://www.ccel.org/ccel/lawrence.
2. Brother Lawrence, *The Practice of the Presence of God* (N.p.:
Lightheart, 2002).
3. *Ibíd.*
4. *Ibíd.*
5. *Ibíd.*

Capítulo 10: La presencia de Dios en el cielo

1. «Oh, That Will Be Glory» [Oh, eso será la gloria] de Charles
H. Gabriel. Dominio público.
2. «When We All Get to Heaven» [Cuando al cielo lleguemos]
de Eliza F. Hewitt. Dominio público.

Otros libros de R. T. Kendall:

En español
La unción
Fuego santo
El aguijón en la carne
Demos gracias a Dios
40 días con el Espíritu Santo
El don de ofrendar
Perdón total
Las parábolas de Jesús

En inglés
Prepare Your Heart for the Midnight Cry
Controlling the Tongue
Pure Joy
In Pursuit of His Wisdom
Pigeon Religion: Holy Spirit, Is That You?
It Ain't Over Till It's Over
Sensitivity of the Spirit
Imitating Christ
Grace
How to Forgive Ourselves—Totally
When God Shows Up
The Unfailing Love of Jesus
God Gives Second Chances
Totally Forgiving God
Did You Think to Pray?
Jealousy—The Sin No One Talks About
The Power of Humility
By Love Transformed
Just Say Thanks
Total Forgiveness Experience
A Man After God's Own Heart
Finding Your Heart's Desire
Word Spirit Power
Unashamed to Bear His Name
The Christian and the Pharisee
God Meant It for Good
In Pursuit of His Glory

UN PLAN PARA ESCAPAR DE LAS DEUDAS Y TENER ÉXITO EN SUS FINANZAS

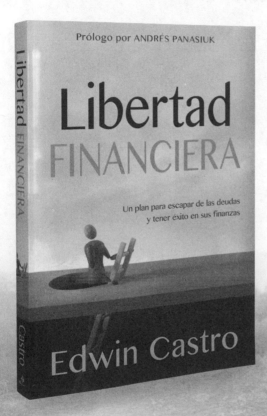

Prólogo por ANDRÉS PANASIUK

Libertad FINANCIERA

Un plan para escapar de las deudas y tener éxito en sus finanzas

Edwin Castro

El autor Edwin Castro le enseña cómo salir y evitar la esclavitud que causa la presión por las deudas. En este libro encontrará:

- Fundamentos sobre el manejo de sus finanzas.
- Cómo liberarse de la deuda, la pobreza y la escasez.
- La clave para encarar el reto financiero y tener esperanzas.
- Aprender a hacer un presupuesto.
- Desarrollar un plan de pago acelerado.
- Practicar la ley de la siembra y la cosecha.

Dígale "¡NO!" al endeudamiento y "¡SÍ!" a la *libertad financiera*

NO ESPERE. TOME LA DECISIÓN HOY MISMO.

CASA
CREACIÓN
www.casacreacion.com